戴 瑞
范子珍
等编

新媒体广告
策划
与文案
创意

New
Media
Advertising
Planning
and
Copywriting
Creativity

化学工业出版社
·北京·

内容简介

新媒体广告策划与文案创意是数字化时代广告成功的关键组成部分。本书涉及的新媒体广告主要包括门户网站广告、搜索引擎广告、移动App广告、微信广告、微博广告、网络直播广告、音频广告、元宇宙场景广告。本书厘清了新媒体广告发展的历史脉络，详尽阐释了新媒体广告的内涵和外延，以全新的视角讲解了新媒体广告发展演变的规律和特点，最后讲解了新媒体广告文案的创意写作。

本书理论紧密联系实际，案例鲜活前沿，适合作为本科及高职院校广告、设计、品牌、新媒体传播等专业的教材，从事新媒体广告设计、运营、品牌传播和平台管理的业界人员也可参阅。

图书在版编目（CIP）数据

新媒体广告策划与文案创意/戴瑞等编. — 北京：化学工业出版社，2024.1（2025.2重印）
ISBN 978-7-122-44354-0

Ⅰ.①新… Ⅱ.①戴… Ⅲ.①传播媒介-广告-研究 Ⅳ.①F713.8

中国国家版本馆CIP数据核字（2023）第201298号

责任编辑：徐　娟　　　　　　　　　　　　封面设计：刘丽华
责任校对：王　静　　　　　　　　　　　　装帧设计：中海盛嘉

出版发行：化学工业出版社（北京市东城区青年湖南街13号　邮政编码100011）
印　　装：北京建宏印刷有限公司
787mm×1092mm　1/16　印张 11¼　字数 288千字　2025年2月北京第1版第2次印刷

购书咨询：010-64518888　　　　　　　　售后服务：010-64518899
网　　址：http://www.cip.com.cn

凡购买本书，如有缺损质量问题，本社销售中心负责调换。

定　价：78.00元　　　　　　　　　　　　　　　　　　　版权所有　违者必究

前言

进入21世纪以来，新媒体构筑了当今传播的"微时代"，不仅冲击着大众感官，还引领着个性化的消费形式，也造就了互动媒体浪潮。随着人工智能工具的问世，搜索引擎的工作方式、广告传播的场景也将发生翻天覆地的变化。互联网、新媒体与人工智能的蓬勃发展，改变了世界，也改变了广告传媒。

为了帮助企业和院校培养网络与新媒体的应用型人才，满足人才培养由知识型向能力型转变的需要，本书以新媒体广告为主要研究对象，涵盖网络与新媒体广告创作到运营的各个环节，融合业界行家与学界专家的观点解读，内容结合案例精解与操作技能，整体简洁通俗，学练合一。更为重要的是，新媒体的出现带来的不仅是广告制作技术的改进，也是广告学理论和思想的突变。但是如果仅对传统的教育体系加以完善，未能与互联网设计和运营完全接轨，便无法适应广告产业的变革。因此，广告学课程的教与学不得不调整以应对新媒体时代，势必要对新的内容乃至方法，进行系统的改革及调整。在编写本书时，笔者也力图体现以下五个方面的特点。

（1）思政性。本书以习近平新时代中国特色社会主义思想为指导，围绕"家国情怀、诚信服务、德法兼修"的高素质技术技能人才培养目标，坚持将"立德树人"的根本任务贯穿始终。将社会主义核心价值观培育、法治意识与职业道德养成、优秀商业文化与传统文化等内容有机融入书中。

（2）整体性。本书在介绍相关案例时不仅描述其广告营销的全过程，而且集中论述了广告营销战略的具体制订、新媒体传播手段的选择及使用，以及如何评价其实施效果等，进一步强化学生职业素养和能力的培养与训练，使其适应新媒体广告及相关行业需求。

（3）新颖性。本书的案例是经过精心筛选的，既包括传统品牌，也搜集了新涌现的案例，如橡皮人网、4A创意公司、百度文心一言、酷狗音乐等。

（4）可读性。本书文字通俗易懂，情节描写翔实且具吸引力，可使读者逐渐进入其中，获得身临其境般的感受，进而引起思考、总结。

（5）数字性。本书编写及设计中融入了数字化的理念，每章配套提供的教学PPT课件以及精品数字微课适合在线学习和巩固，实现了新形态一体化教材与在线开放课程的"互联网+"互动，可以满足数字时代的学习需要，推动线上线下混合教学、自主学习、翻转课堂等教学改革与创新实践。

本书的大纲框架由戴瑞拟订并负责定稿，参加编写的有戴瑞、范子珍、李琦、陈珊珊等。同时非常感谢上海广告研究院院长杨海军教授提供的资料和帮助；也感谢橡皮人网，一家致力于向全国艺术类院校输送优质创意行业课程资源和产教融合的平台企业，为本书提供案例。橡皮人工作室的高达、王昱均、詹石杜、王昕雯、赵冰倩、郑冰萧等同志参与了本书案例的收集整理工作，在此一并致谢。

作为创新与开放的新形态数字化教材，本书难免有粗陋疏忽之处，敬请广大读者批评指正。

编者

2023年9月

目录 CONTENTS

第 1 章 新媒体广告概述 ········ 1
- 1.1 媒体与新媒体概述 ········ 2
- 1.2 新媒体广告概述 ········ 8
- 1.3 新媒体广告与社会责任 ········ 17
- 1.4 我国新媒体广告的发展简史 ········ 21
- 1.5 新媒体广告的常见类型 ········ 28
- 1.6 新媒体广告投放的计费模式 ········ 32

第 2 章 新媒体广告之门户网站广告 ········ 35
- 2.1 门户网站概述 ········ 36
- 2.2 门户网站广告概述 ········ 39
- 2.3 门户网站广告的设计运营 ········ 43
- 2.4 门户网站广告的投放策略 ········ 46
- 2.5 门户网站广告设计运营项目实训：联通5G^n ········ 52

第 3 章 新媒体广告之搜索引擎广告 ········ 53
- 3.1 搜索引擎概述 ········ 54
- 3.2 搜索引擎广告概述 ········ 58
- 3.3 搜索引擎广告的运作 ········ 62
- 3.4 基于关键词的搜索引擎广告投放策略 ········ 67
- 3.5 搜索引擎广告项目实训：百度 ········ 71

第 4 章 新媒体广告之移动App广告 ········ 72
- 4.1 移动 App 概述 ········ 73
- 4.2 移动App广告概述 ········ 74
- 4.3 移动App广告的设计运营 ········ 77
- 4.4 移动App广告的投放策略 ········ 81
- 4.5 移动App广告项目实训：支付宝 ········ 84

第 5 章 新媒体广告之微信广告 ········ 85
- 5.1 微信概述 ········ 86

5.2　微信广告概述 …………………………………… 88
　　5.3　微信广告的运作 ………………………………… 93
　　5.4　微信广告的投放策略 …………………………… 97
　　5.5　微信广告项目实训：罗莱家纺 ………………… 100

第 6 章　新媒体广告之微博广告 …………………………………… 101
　　6.1　微博概述 ………………………………………… 102
　　6.2　微博广告概述 …………………………………… 104
　　6.3　微博广告的运作 ………………………………… 109
　　6.4　微博广告的投放策略 …………………………… 113
　　6.5　微博广告项目实训：HBN ……………………… 116

第 7 章　新媒体广告之网络直播广告 ……………………………… 117
　　7.1　直播概述 ………………………………………… 118
　　7.2　网络直播广告概述 ……………………………… 123
　　7.3　网络直播广告的运作模式 ……………………… 125
　　7.4　网络直播广告的投放策略 ……………………… 129
　　7.5　网络直播广告项目实训：统一藤椒方便面 …… 131

第 8 章　新媒体广告之音频广告 …………………………………… 132
　　8.1　音频概述 ………………………………………… 133
　　8.2　音频广告的概念 ………………………………… 136
　　8.3　音频广告的运作策略 …………………………… 138
　　8.4　音频广告的投放策略 …………………………… 143
　　8.5　音频广告项目实训：喜马拉雅广告 …………… 146

第 9 章　新媒体广告之元宇宙场景广告 …………………………… 147
　　9.1　元宇宙概述 ……………………………………… 148
　　9.2　元宇宙广告概述 ………………………………… 150
　　9.3　元宇宙广告运作方向 …………………………… 153
　　9.4　元宇宙广告项目实训：泡泡玛特IP …………… 154

第 10 章　新媒体广告文案写作 ……………………………………… 155
　　10.1　新媒体广告文案概述 …………………………… 156
　　10.2　构建新媒体广告文案用户画像 ………………… 160
　　10.3　新媒体广告文案写作从0到1 …………………… 163
　　10.4　数字时代新媒体广告人员的社会责任 ………… 171
　　10.5　新媒体广告文案写作项目实训：MG3汽车 …… 173

参考文献 ……………………………………………………………… 174

第1章
新媒体广告概述

学习目标

1.1 媒体与新媒体概述
1.2 新媒体广告概述
1.3 新媒体广告与社会责任
1.4 我国新媒体广告的发展简史
1.5 新媒体广告的常见类型
1.6 新媒体广告投放的计费模式

 媒体概述
 新媒体的概念和特征
 新媒体广告与社会责任
 我国新媒体广告的发展简史
 新媒体广告的常见类型
 新媒体广告投放的计费模式
 本章习题

广告既是一门科学,又是一门艺术,同时还是一个不断发展、变化的生命体。随着互联网的迅速发展和新媒体形式的不断涌现,广告也发生了日新月异、翻天覆地的变化。如今,网络与新媒体广告已经成为广告领域的新阵地,其在流量转化和用户群体细分上的优势让企业和广告业从业人员日益感受到其不可估量的发展优势。本章主要讲解广告与广告传播、网络与新媒体的特征及网络与新媒体广告的表现形态等知识。

1.1 媒体与新媒体概述

1.1.1 媒体的概念

1.1.1.1 媒体的含义

在20世纪，人们一提到媒体就会想到报纸、杂志、广播和电视，以这些媒体为中介，信息得以广泛传播。媒体形态与媒体产业的发展除了受需求的拉动外，还受技术发展这一决定性力量的影响。从印刷术到无线电，新的传播技术不断出现，不断改变人们获取信息的数量、方式、速度与质量。20世纪最后20年，随着互联网技术的发展，基于网际互联的新媒体已经逐步成为人们获得信息的主要渠道。媒体（Media）一词来源于拉丁语"Medius"，意为两者之间，是指传播信息的介质。通俗地说，媒体有两层含义：一是指承载、传递信息的物质体，如纸张、电波和电子存储介质；二是指包含信息内容在内的资讯传播服务实体。

要判定一个物质体或服务实体是否为媒体，需要从三个方面来判断，且这三个属性必须同时满足，如图1-1所示。

如果一个物质体或服务实体能够覆盖特定人群，拥有传播能量，还能够用多种形式表达不同观点，那么它就是媒体或具备媒体属性。

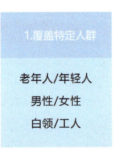
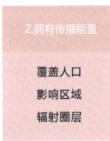

▲ 图1-1 媒体需具备的属性

1.1.1.2 中国共产党第二十次全国代表大会报道媒体优秀案例

在我国，媒体的社会整合和动员功能，在很大程度上是通过宣传党的方针和政策来体现的。由于媒体是党和政府的喉舌，代表党和政府的声音，在党和政府提出和坚持正确的路线方针政策的情况下，媒体可以迅速而广泛地加以宣传，争取人民群众的支持和理解。许多外国学者认为，我国媒体所发挥的社会整合和动员作用，在许多历史性时期是非常成功的。

2022年，各级各类主流媒体围绕党的二十大宣传报道工作，推出了一大批形式新颖、内容鲜活的"爆款"作品，彰显了主流媒体在重大主题宣传报道中的引导力和影响力，奏响主流舆论最强音。

党的二十大期间，各级媒体通过特写照片、讲话原音、现场微镜头报道等形式，做好习近平总书记报道。比如，新华社融媒体报道《近镜头·温暖的瞬间》，精选总书记接过花农竹笠戴在头上的生动场景、摘下手套紧紧握住边防战士双手等感人画面，结合总书记原声、故事场景声、主持人讲述等，打造5分钟左右的音频连续剧，生动讲述总书记治国理

政的动人瞬间。中国新闻网融媒体产品《习言道|"人民"江山图》和《习言道|绿水青山卷》，以《千里江山图》《富春山居图》等传世名画为创作蓝本，将3D摄像机跟踪器与经典古画相结合创新"新闻+动画"，以习近平总书记的同期声串联呈现二十大报告中的经典语句，实现视觉效果与宣传效果的双赢。央视新闻也通过精心选取总书记在大会上的同期声，推出"金句"创意类短视频，浓缩报告精华在"百秒百字"内，发布《一段视频了解全党必须牢记的五个"必由之路"》（图1-2）等，总播放量超过3亿次。

▲ 图1-2 央视新闻《一段视频了解全党必须牢记的五个"必由之路"》

人民网推出"跟着总书记看中国·千家万户的事"融媒体系列报道（图1-3），沿着习近平总书记的考察足迹调研回访，记录人们的生活变迁，折射行业之变、地域之变、中国之变。该系列报道陆续推出1个主题片、38个微纪录片以及图文稿件合计129条。"跟着总书记看中国"话题在微博、抖音、快手平台频登热搜榜，阅读量累计超过8亿次。河南广播电视台旗下大象新闻推出的全景H5《沿习之路：十年足迹印山海》，以手绘艺术的形式，根据习近平总书记十年来的考察调研足迹，做出动态行程标识。用考察图片、文字等资料，展现出总书记深入六盘山区、秦巴山区、武陵山区、大别山区等基层进行调研，引领脱贫攻坚、奔向共同富裕的奋斗之路。

▲ 图1-3 人民网推出"跟着总书记看中国·千家万户的事"融媒体系列报道

这些党的二十大新媒体报道的优秀案例，充分展现了中国媒体融合发展的新成果，凸显了新技术条件下内容创新、手段创新、形式创新的理念和趋势。学习宣传贯彻党的二十大精神需要我们继续精益求精，不断巩固壮大奋进新时代的主流思想舆论。

1.1.2 新媒体的概念

1.1.2.1 新媒体的来源

要了解什么是新媒体，除了需要知道什么是媒体外，还需要知道另一个概念——媒介，这也是新媒体概念的重要组成部分。原创媒介理论家马歇尔·麦克卢汉在《理解媒介：论人的延伸》中开宗明义："媒介即讯息。"

从麦克卢汉的书中，我们可以提炼出以下两个观点。第一个观点是，媒介是人体的延伸，是所有延伸人类器官的工具、技术和活动的总和，也就是说，媒介即万物，万物皆媒介。凡是能使人与人、人与事物或事物与事物之间产生关系的技术和物质都是媒介。照此推论，互联网是人类言语、听觉、视觉甚至嗅觉、触觉的延伸，媒体能从视觉、听觉、嗅觉和触觉作用于人，如图1-4所示。

▲ 图1-4 互联网的媒介属性

第二个观点是，媒介是社会发展的基本动力，每一种媒介的产生，都开创了人类感知和认识世界的新方式。媒介形式改变了人类对世界的感知与认知的方式，也改变了人与人之间的关系，并创造出新的社会行为类型。

互联网信息的快速传播使人类的生活方式、思维方式被重构。如今，人们对网络的依存度远远高于其他媒介形式。换言之，某种媒介形式对人类产生的影响并非一成不变。当媒介逐渐演化出新的形态，人们的行为模式也会发生巨大改变。我们将这种行为模式称为"媒介接触习惯"。

以听觉媒介的发展为例，早期声音信息依靠口口相传。随着电和无线电及其设备的出现，人们就可以通过广播、留声机等工具传送和接收声音信息。现在，人们更愿意通过QQ音乐、喜马拉雅等移动终端软件来收听声音信息，如图1-5所示。

▲图1-5 听觉媒介的发展示意

综上所述，新媒体与传统媒体一样，作用于人的感觉器官，通过传递特定信息影响人。其不同之处在于信息的传播速度越来越快，信息密度越来越大，覆盖人群越来越广，内容形式越来越丰富。

1.1.2.2 新媒体"新"在哪里

新媒体是一个相对的概念。这里的"新"相较于传统媒体的"旧"而言，在时间轴上，意味着变化，代表着差异，也隐含着进步。传统媒体退回到若干年前也是新媒体，现在的新媒体在若干年后也将成为旧（传统）媒体。人们对世界的好奇与对效率的渴望，推动与传播相关的技术进步，进而引发媒体形式的迭代与进化。

新媒体的本质依然是媒体，其传播机理（信息—编码—传送—解码—接收）依然遵循经典的传播理论，但其实现方法、传播效能、信息形式出现了革命性的"新"特征，人们接触媒体的方式、时间、时长、场景也随之产生了巨大的变化。

"网络效应"是以色列经济学家奥兹·夏伊在《网络产业经济学》一书中提出的概念。所谓"网络效应"，是指当一种产品对用户的价值随着采用相同产品或可兼容产品的用户增加而增大时，即出现了网络外部性。网络效应会带来一种特殊的现象，即"赢家通吃"。网络用户越多，网络就越有价值；网络越有价值，则网络用户越多。这种正向强化一旦突破临界点，先行者最终就会占据绝大部分市场份额，形成寡头垄断。因为"赢家通吃"现象，互联网世界就自然产生了一种基本的生存策略——先到先得。在特定的细分领域，谁能够最先积累到足够的用户数，形成规模势能，谁就有机会最先抵达"赢家通吃"的终点。后续进入者，即使付出指数级的代价也几乎无法超越先行者。值得注意的是，诸多传统传播形式并未因为新媒体的出现而消亡，它们借助技术进步的力量，也进化、发展成了具有网络效应的新媒体，如表1-1所示。

表1-1 传统传播形式的新媒体形式

传统传播形式	新媒体形式
口语	短信/QQ/微信
书信	电子邮件
报纸	门户网站
广播电台	在线广播
电视	在线视频
海报	HTML5网页

1.1.2.3 新媒体概念的演变过程

"新媒体"这一概念最早出现在20世纪60年代,更多是指电子媒体中的创新性应用。80年代,伴随计算机技术的发展,"新媒体"一词被引入中国,并开始广泛使用。90年代后期,随着中国全面接入互联网,新媒体与互联网开始紧密联系起来。到目前为止,万维网已经经历了从Web1.0到Web3.0的发展。

1.1.2.4 新媒体的定义

关于新媒体的定义,新传媒产业联盟秘书长王斌认为:"新媒体是以数字信息技术为基础,以互动传播为特点、具有创新形态的媒体。"美国《连线》杂志对新媒体的定义是:"所有人对所有人的传播。"联合国教科文组织对新媒体的定义是:"以数字技术为基础,以网络为载体进行信息传播的媒介。"清华大学新闻与传播学院教授彭兰对新媒体的定义是:"新媒体主要指基于数字技术、网络技术及其他现代信息技术或通信技术的,具有互动性、融合性的媒介形态和平台(如图1-6、图1-7)。

1.1.2.5 新媒体常见的应用载体

(1)微博。微博是微型博客的简称,也是国内非常受欢迎、使用较多的博客形式之一(图1-8)。博客是一种通常由个人管理、不定期张贴新的文章的网站,其中的文章以倒序方式由新到旧按张贴时间排列,内容主要是个人日记,也有一部分微博专注在特定话题上提供评论或新闻。

▶ 图1-6 基于不同技术的新媒体形式

▶ 图1-7 从传播平台定义新媒体

▶ 图1-8 新浪微博截屏

(2)QQ。QQ是腾讯公司推出的一款即时通信软件。QQ支持在线聊天、视频通话、面对面传文件、共享文件、网络硬盘、自定义面板和QQ邮箱等多种功能,并可与多种通信终端相连,包括计算机、手机和其他移动设备等。

QQ除了基本的即时信息通信功能外,还可以建QQ群,功能类似于小型社群,天南地北的一群人犹如坐在一起讨论问题并发表见解,还可以通过QQ空间书写日志,写说说,上传用户的个人图片,听音乐,从而通过多种方式展现自己,功能类似于博客和微博。除此之外,QQ还有许多衍生产品,如QQ游戏、QQ音乐等,几乎能满足人们工作和生活的大部分需求。

(3)微信。微信是一款社交工具,它不仅可以通过网络快速发送文字、图片、语音、视频,还支持群聊、分享、扫一扫、查找附近的人、付款、收款等功能,而且跨越了运营商、硬件和软件、社交网络等壁垒,实现了现实与虚拟世界的无缝连接,使移动终端成了新的社交节点(图1-9)。

（4）网络直播。网络直播就是借助互联网的优势，利用相关直播软件将即时的现场环境发布到互联网上，再借由互联网技术快速、清晰地呈现在用户面前。目前，网络视频直播已经发展得较为成熟，尤其是可以与用户进行直接信息交流的网络互动直播，其互动性更强，且能够随时随地进行直播，是目前新媒体中发展迅猛的传播形式。网络直播主要有以下类型。

① 游戏直播。游戏直播是在直播平台上通过游戏主播对游戏的直播讲解吸引粉丝。游戏直播其实是发展最早的一种直播类型，其核心是能够带来大量粉丝的主播。

② 娱乐直播。娱乐直播是当前市场上用户数量最多的类型，知名演艺人员、剧组、网络红人的入驻，保证了娱乐直播平台的粉丝基数。这种直播类型最大的特点就是能满足粉丝与偶像"零距离"接触的意愿。

③ 购物直播。购物直播也称为消费直播，类似于电视购物。这类直播以主播展示并讲解商品为亮点，使用户能更加直观地感受商品，以激发用户的消费欲望，从而达到将商品售出的目的。

④ 短视频直播。短视频是一种视频长度以秒（s）计数，主要依托于移动智能终端实现快速拍摄与美化编辑，可在各种社交媒体平台上实时分享和无缝对接的一种新型视频形式（图1-10）。短视频既可以代替图文作为信息的传播介质，如新闻时事，也可以单独作为一种娱乐内容，如短视频里面的个人秀或者生活中的片段。短视频具有内容生成相对容易、传播速度快、具有强烈的社交属性、点对点传播四大特点。

（5）自媒体。自媒体（又称"公民媒体"或"个人媒体"）是一种以现代化、电子化的手段，向不特定的大多数人或者特定的个人传递规范性及非规范性信息的新媒体的总称。自媒体具有三个基本特性，即低门槛、易操作、互动性（图1-11）。

（6）数字电视

① 交互式网络电视。这是一种集互联网、多媒体、通信等技术于一体，利用宽带网向家

▶ 图1-9　微信公众平台生态

▶ 图1-10　短视频直播

▶ 图1-11　自媒体App小红书标志

庭用户提供包括数字电视在内的多种交互式服务的新技术。

② 车载移动电视。这是一种移动数字电视类型，通常安装在公交车、地铁和出租车等公共交通工具上，通过无线发射、地面接收的方式进行电视节目和信息的传播，是目前比较常用的数字电视新媒体形式。

③ 楼宇电视。采用数字电视机为接收终端，以播出电视广告和其他节目为表现手段，将商业楼宇、卖场超市、校园、会所等公共场所作为传播空间，播放各种信息的新兴电视传播形式，以实现户外楼宇广告媒体发布。

④ 户外显示屏系统。户外显示屏系统由计算机专用设备、显示屏幕、视频输入端口、系统软件和网络组成，通常采用巨大的显示屏幕来播放视频广告（图1-12）。

▶ 图1-12　户外显示屏系统

1.1.3　新媒体的特点

1.1.3.1　灵活性

新媒体形式的选择具有灵活性。新媒体广告人员可以根据自己的要求灵活选择新媒体广告的展现形式，可以通过富媒体形式以脚本程序的形式充分展现创意设计。传统媒体广告一经投放，则不能轻易更改，若是广告信息出现错误，会给广告主带来巨大的损失。但在新媒体上投放的广告若出现了差错，新媒体广告人员可以根据广告主的要求及时更改替换。新媒体广告具有强大的主动搜索功能，用户针对自己的产品或服务需求可以主动上网寻找信息。网络无限的虚拟空间可以使广告主把产品的信息详尽地传送到网上，这些资料还可以扩展到企业形象等相关内容。新媒体广告不仅在产品与消费者之间架起了一座桥梁，更在营销品牌传播方面构建起一种沟通互动的传播模式，使企业与消费者之间形成"一对一"的营销关系。

1.1.3.2　互动性

互动性是新媒体的基本特征。互联网上的信息传播方式比传统媒介更为直接和有效，信息的发送者和接收者在网络传播中能实现即时的双向互动，传播的内涵在信息交互过程中也得到了新的扩展。信息发布者根据受众的需求，抓住消费者的心理特征，可以通过信息交互即时调整自己的传播策略。接收者则可以及时反馈自己的真实想法和感受，发表评论性意见。信息的传播不再是单向劝服，而是一种对话式沟通。新媒体打破了传统媒体对信息发布者与受众这两个角色的限制。在新媒体环境下，再也没有纯粹的"听众""观众""读者""作者"，每个人既可以是信息的接收者，也可以是传播者。信息的传播不再是单向的，而是双向的。事实上，社交媒体时代的新媒体传播效能的提升正是依靠"撬动受众传播""让大家告诉大家"的机制实现的。

1.1.3.3　精准性

传统媒体面向大众，受众不明确，即使广告主有针对性很强的目标群体，也无法实现更为精准的投放。新媒体的平台很好地解决了这一问题，能够对受众进行基于地域（IP地址识别）、阅读兴趣、点击习惯甚至上网时点的更为精细的划分，使广告的投放更为精准。必须指出的是，广告主在错误的时点向错误的对象展露广告信息，会给消费者带来困扰，容易引发消费者对广告主及其品牌的厌恶。因此，精准投放不只是为了节约广告投放预算，更是维护品牌好感度的重要手段。受众在根据自身喜好选择想要观看、阅读或聆听的内容时，会在新媒体平台上留下浏览痕迹。这些痕迹被新媒体平台服务器记录下来，平台方会根据这些痕迹识别受众的性别、年龄、偏好等特征，然后根据这些特征匹配受众感兴趣的内容，以提高有效到达率和购买转化率。

1.1.3.4 透明性

由于传统媒体广告投放受技术因素限制较多，也由于受众知识水平参差不齐、买卖双方信息不对称、信息不透明，因此受众很容易对广告内容产生怀疑或误解，或难以理解广告内容的真实含义，据此产生的购买行为也可能并不理智，引发退货或投诉，增加售后服务的无效成本。新媒体广告出现后，买卖双方的信息不对称被打破，广告信息更加透明。传统媒体无法知晓何人、何时、在何地看过何种广告。新媒体平台则可以通过鼓励用户注册、使用 Cookie 技术和实时互动等手段追踪、记录受众信息。这些信息对老客户留存、新品推销等营销策略有十分重要的价值。

思考与练习

1. 简述新媒体平台有哪些缺点，可以怎样改进。
2. 传统户外媒体是怎么进化到新媒体的？

1.2 新媒体广告概述

1.2.1 新媒体广告的基本概念

相对于传统媒体广告，新媒体广告的概念受到越来越多学者和广告人的关注。美国得克萨斯大学广告学系早在1995年就提出了"新广告"的概念，并认为未来的社会、经济和媒体环境将发生巨大的变化，广告的定义不应该被局限在传统媒体的范围内。从商业的角度来讲，广告是买卖双方的信息沟通与交流，是广告主通过大众媒体、个性化媒体或互动媒体与消费者进行的信息交流行为。在我国，较早地将"新媒体"与"广告"相结合的是北京大学的陈刚教授，他在《后广告时代——网络时代的广告空间》一文中提出了"后广告"的概念。他认为，在人们熟知的广告前加一个"后"字并不意味着一种决裂。之所以提出"后广告"的概念，只是为了表明作为一个怀疑者、思考者，同时也希望是一个建设者的态度，那就是在受到网络时代各种新的因素不断渗透与影响而不断变化的广告空间里寻找并探索一个新的世界秩序与生存逻辑。互联网引发并实现了第五次媒介革命，作为这次媒介革命核心的互动，"后广告"就是在此时提出的。陈刚教授对广告的含义也做了更加明确的界定。他认为，一方面，"后广告"并未脱离现代广告，它只不过是传统广告的延续；另一方面，"后广告"也是适应未来媒体环境的更具互动性的广告形式。根据新媒体广告的实际运用情况，结合学者们的研究成果，可以给新媒体广告做一个界定：新媒体广告是以数字化技术为基础，运用多媒体平台的整合优势资源，采用多元互动的方式，向特定受众精准传递广告主的商品、服务、品牌信息的媒介传播形态。新媒体广告具有广告信息多层次传播、广告与内容营销共生、广告传播手段多元化、广告信息的创新传播等显著特征。在实际运用中，新媒体广告能够在广告主和受众之间建立信任关系，通过用户画像实现精准传播，运用数据分析推动品效合一。新媒体广告所传达的营销信息主要包括品牌传播信息、产品促销信息、客户服务信息和危机公关信息。

1.2.1.1 品牌传播信息

品牌传播信息是指企业意图告知消费者企业的品牌价值、劝说其购买产品以及传递维持品牌记忆的各种直接及间接、明示与暗示的信息。

例如，在快手官网的品牌宣传广告中，呈现了很多品牌通过快手分享生活新理念的广告。这些视频充分展现了快手记录与分享普通人生活细节的功能，吸引更多普通用户加入分享与传播的行列，使快手作为在线短视频品类中的单一品牌在用户心中留下独特的品牌印象，如图1-13所示。

▲ 图 1-13　快手品牌宣传广告

1.2.1.2 产品促销信息

产品促销信息是指有关企业将自己经营的产品及所提供的有关服务信息形成独特的售卖方案，以激发消费者的购买行为，扩大销售的信息。

2022年6月，王饱饱与多位关键意见领袖（Key Opinion Leader，KOL）合作推出相关促销短视频和直播，推荐王饱饱麦片，并在多个网络平台上刮起一股"麦片旋风"，使单店体量在天猫麦片类目销售排行中迅速升到第一位，通过互动性的、多元化的广告传播形态，很好地促进了产品销量，如图1-14所示。

▲ 图 1-14　王饱饱麦片广告案例

1.2.1.3 客户服务信息

客户服务信息是指企业在产品售卖前后向消费者提供的（通常是额外的、增值的）服务内容，包括售前服务和售后服务。

例如，中国移动曾发布过一条名为《为了幸福而改变》的短视频广告，告知其用户可以使用智能手机体验搭乘公交、了解商品信息、预约挂号、查询实时路况等多项增值服务，如图1-15所示。

▲ 图 1-15　短视频广告《为了幸福而改变》

1.2.1.4 危机公关信息

危机公关信息是指企业在出现与消费者和公众有关的重大事件时，向社会公众及时传达的事件信息、官方态度、解决措施等，以期减小事件对企业和品牌产生的负面影响。

例如，一名"80后"创业者发布了一篇题为《致丁磊：能给创业者一条活路吗？》的文章，控诉网易严选，引发了该平台很多用户的质疑。同日，网易严选通过其微信公众号发布了一篇题为《我有一个创业者的故事，你想听吗？》的文章，有情、有理、有据地回应了批评者和社会公众的质疑，重新获得了用户的信任。

1.2.2 新媒体广告的传播环境

新媒体广告传播的环境主要包括物质、制度和精神三个层面，涉及商品文化、营销文化和价值文化三方面的内容。商品本身就是一种文化载体，文化通过商品传播，商品通过文化而增值。商品文化的实质是商品设计、生产、包装、装潢及其发展过程中所显示出来的文化附加值，是时代精神、民族精神和科学精神的辩证统一，是商品使用功能与商品审美功能的辩证统一，是广告文化的核心内容。营销文化是指以文化观念为前提，以切近人的心理需要、精神气质、审美趣味为原则的营销艺术和哲理，是广告文化的集中表现形式。商品文化要通过营销文化的实现来最终实现。广告文化具有明显的价值导向，具有大众性、商业性、民族性和时代性的特点。一定的文化传统、信仰和价值观在很大程度上左右着商业经营者及消费者的心理、行为和广告活动的方式。

1.2.2.1 新媒体广告的传播环境

（1）物质发展层面。随着新媒体的快速发展，广告文化的传播环境越来越趋于个性化，大数据技术使营销者能更准确地抓住受众，从而更有针对性地进行产品制作和投放，使固化与加深消费者原有的兴趣与喜好成为可能。大数据技术对于固化受众的文化偏好有重要作用。例如，某热播的网络剧在制作过程中就利用用户视频行为数据与内地主流搜索数据的互联互通，实现精准挖掘收视人群的目的。制作方根据该剧核心收视人群的特点，如年轻化、时尚化、喜欢国潮等，进一步制作、编排并推广该剧。该剧的制作方对核心目标观众特征的描述则是聚焦当下都市独立女性，触及以往都市剧鲜少探讨的女性精神世界。无论是打破常规的"只恋爱不结婚"亲密关系还是"拒绝贤惠懂事标签"等桥段，都展现出不刻意讨好男性、向传统观念挑战的独立自主女性思想与魅力。

（2）制度环境层面。制度也被称为体制，新媒体广告传播的制度环境包括广义和狭义两方面：广义上主要指新媒体广告传播所处时代的社会制度、国家体制和法律体制等，具体到我国，制度环境即为社会主义初级阶段市场经济体制下，人民代表大会制度为根本政治制度，宪法为国家基本法等宏观环境；狭义上则主要指新媒体广告传播所受的行业约束，如《中华人民共和国广告法》等相关法律法规界定的新媒体广告管理的条例、办法等。

（3）精神文化层面。新媒体广告文化传播的精神层面主要指人类在精神思想、心理和意识领域所创造的财富总和，包括广义上的社会宗教信仰、道德意识、艺术观念等，以及狭义上新媒体广告传播的行业理念、思想潮流和价值标准等。根据新媒体广告传播主体意义的不同，新媒体广告精神文化还可分为主流文化、群体亚文化和个体文化几个层面。值得注意的是，新媒体广告常常利用青年群体喜闻乐见的文化标签和符号来传播信息，吸引和招揽青少年消费者，以期获得他们的好感。

1.2.2.2 新媒体广告受众的文化素养

（1）客观文化接受条件。新媒体广告受众的客观文化接受条件主要包括大众媒介和新媒体发展的程度、社会知识文化普及度、广告发展程度及公众对其的认知度等。2023年3月2日，中国互联网络信息中心发布了第51次《中国互联网络发展状况统计报告》。报告显示，截至2022年12月，我国网民规模达10.67亿，互联网普及率达99.2%（图1-16）。其中，手机网民规模达10.47亿，网民使用手机上网的比例达99.6%（图1-17），非网民规模为3.62亿。

截至2022年12月，我国农村网民规模达2.93亿，占网民整体的27.9%；城镇网民规模达7.58亿，占网民整体的72.1%（图1-18）。我国城镇地区互联网普及率为82.9%，农村地区互联网普及率为58.8%（图1-19）。

从学历结构看，初中、高中/中专/技校学历的网民群体占比分别为40.3%、20.6%；小学及以下网民群体占比由2022年12月的17.2%提升至19.3%（图1-20）。从职业结构看，在我国网民群体中，学生最多，占比为21.0%；次之是个体户/自由职业者，占比为16.9%；农林牧渔劳动人员占比为8.0%（图1-21）。

▲ 图1-16 我国网民规模和互联网普及率

▲ 图1-17 我国手机网民规模及其占网民比例

▲ 图1-18 我国网民的城乡结构

▲ 图1-19 我国城乡地区的互联网普及率

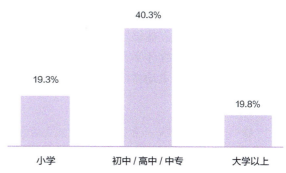

▲ 图1-20 我国网民的学历结构

从收入结构看，月收入❶在2001～5000元的网民群体占比为32.7%；月收入在5000元以上的网民群体占比为29.3%；有收入但月收入在1000元及以下的网民群体占比为15.3%（图1-22）。

▶ 图1-21　我国网民的职业结构　　　　　　▶ 图1-22　我国网民的月收入结构

（2）主观文化接受条件。新媒体广告受众的主观文化接受条件主要指受众拥有能够真正领会广告意图和内涵的能力，主要包括科技素养、知识素养、艺术审美素养等。首先，科技素养主要指受众使用新媒体产品的基本能力。我国非网民不使用互联网的最大原因就是不懂电脑或难以接触到网络，因而缺乏基本的科技素养。这部分人群也就难以接受新媒体广告文化的熏陶。其次，受众还应具备基本的文字理解能力和社会历史文化知识储备。最后，受众的艺术审美素养也是接受新媒体广告的主观文化条件之一，包括受众对广告的声音旋律、画面色彩、形象动作等各方面的综合理解能力，基本的形象思维和想象能力，以及受众对"美"的文化价值判断能力。

1.2.3　新媒体广告的传播特点

新媒体广告通过数据分析和精准的定向技术，能够将广告精准地传达给目标受众群体。广告主可以根据受众的兴趣、地理位置、年龄等因素进行定向投放，提高广告传播的效果。新媒体广告通常具有互动性，受众可以直接与广告进行互动，例如点击、评论、分享等。这种互动性和参与度高的特点能够增强广告的吸引力和受众的参与感，提高广告的影响力和传播效果。新媒体广告在社交媒体平台上容易引发分享和口碑传播。如果广告内容具有趣味性、创意性或情感共鸣，受众会主动将广告分享给他们的社交圈，从而扩大广告的传播范围。

---

❶ 月收入：学生收入包括家庭提供的生活费、勤工俭学工资、奖学金及其他收入；农林牧渔劳动人员收入包括子女提供的生活费、农业生产收入、政府补贴等收入；无业/下岗/失业人员收入包括子女提供的生活费、政府救济、补贴、抚恤金、低保等；退休人员收入包括子女提供的生活费、退休金等。参见第51次《中国互联网络发展状况统计报告》。

综上所述，新媒体广告的传播特点包括广告定位精准、互动性和参与度高、多媒体形式丰富、实时性和即时传播、可量化和数据驱动、社交分享和口碑传播等。这些特点使得新媒体广告在传播过程中更具效果和影响力。

1.2.3.1 广告信息的多层次传播

广告信息的多层次传播是指广告通过多个渠道和媒介，在不同的层次上传播和推广的过程。这种传播方式可以帮助广告达到更广泛的受众，并增强广告信息的影响力和可见度。以下是广告信息多层次传播的几个常见的层次。

（1）大众传媒层次。大众传媒包括电视、广播、报纸、杂志等传统媒体渠道。通过在这些媒体上发布广告，可以覆盖大量的受众，并在广告空间的有限范围内传递信息。

（2）数字媒体层次。随着互联网的普及，数字媒体成为广告传播的重要渠道。包括搜索引擎广告、社交媒体广告、网站横幅广告等。数字媒体具有精准定位、互动性强等特点，可以更准确地将广告传递给特定的受众群体。

（3）社交媒体层次。社交媒体平台如微博、小红书等，具有庞大的用户群体和强大的社交共享功能。广告可以通过这些平台传播，并通过用户的分享、转发等行为扩大影响力。

（4）口碑传播层次。口碑传播是指消费者通过口口相传、评论、评级等方式在社交圈子中传播广告信息。通过创造积极的消费者体验和引起共鸣的广告内容，可以激发用户积极参与和传播广告。

（5）线下传播层次。除了在线渠道，广告也可以通过线下传播途径扩大影响力。例如，户外广告、展览会、赞助活动等，可以吸引人们的注意并传达广告信息。

这些层次之间相互作用，互为补充，通过多层次传播可以提高广告的曝光度和品牌认知度。同时，结合不同的传播层次可以实现更精准的目标市场定位和更有效的广告效果。通过这些多层次传播的方式，广告可以更好地覆盖不同受众群体，增加广告的曝光度和影响力，提高品牌知名度和产品销售量。然而，广告商需要根据目标受众和预算来选择适合的传播方式，并综合考虑不同媒介之间的协同效应，以达到最佳的传播效果。

1.2.3.2 广告与内容营销共生

广告和内容营销是两个不同但相互关联的概念，它们可以实现共生关系，相互促进和增强营销效果。广告与内容营销共生的几个关键点如下。

（1）互补关系。广告和内容营销可以相互互补，发挥各自的优势。广告可以通过付费形式在特定的渠道上传达目标信息，吸引潜在客户的注意力；而内容营销则通过有价值的、有吸引力的内容来吸引和建立与受众的关系。两者结合起来，可以在吸引受众注意力的同时提供有用的信息和解决方案。

（2）品牌建设。内容营销在品牌建设方面发挥着重要作用。通过有价值的内容，品牌可以展示其专业知识、价值观和与目标受众的共鸣。广告可以在此基础上进一步加强品牌形象和认知度，通过广告传递品牌核心信息，并与内容营销形成一致的品牌故事和形象。

（3）故事叙述。内容营销注重讲故事和情感共鸣，通过故事性的内容吸引受众的兴趣和共鸣。广告可以借鉴内容营销的故事叙述方式，通过情感化的广告内容来触发受众的情感共鸣，加深品牌与受众的连接。

（4）引流和转化。内容营销可以通过提供有价值的内容吸引受众，并引导他们进入购买决策的阶段。广告可以在此过程中起到引流和转化的作用，将潜在客户引导到销售渠道，并促使他们采取购买行动。

（5）数据和反馈。广告和内容营销都可以通过数据分析和受众反馈来评估营销效果。通过分析广告的点击率、转化率等指标，可以了解广告的效果和受众反应。内容营销可以通过受众互动、分享、评论等方式获取反馈。这些数据和反馈可以为广告和内容营销的优化提供有价值的参考。

综上所述，广告和内容营销之间的共生关系可以实现更全面和有效的营销策略。通过结合两者的优势，可以创造更有吸引力和影响力的品牌传播，同时提供有价值的内容给受众，建立长期的客户关系。

1.2.3.3 广告信息的创新传播

广告信息的创新传播是指在传统的广告传播方式之外，采用创新的方法和渠道来传递广告信息，以引起受众的注意并提升广告效果。以下是一些广告信息创新传播的示例。

（1）利用虚拟现实（VR）和增强现实（AR）技术。通过虚拟现实和增强现实技术，广告商可以创造出身临其境的体验，将产品或服务与现实世界相结合。这种创新传播方式可以吸引受众的兴趣，并创造与众不同的广告体验。

（2）利用微电影。微电影是受众喜爱的媒介之一。通过制作具有故事性和情感吸引力的微电影，广告商可以在短短几分钟内传达广告信息，并引发受众的共鸣和情感共享。

（3）利用用户生成内容（UGC）。用户生成内容指由用户创造和分享的内容，如社交媒体上的照片、视频和评论。广告商可以鼓励用户创建与广告相关的内容，并通过UGC传播广告信息，从而扩大品牌的影响力。

（4）利用影响者营销。影响者营销是指与具有影响力和粉丝基础的个人或社交媒体账号合作，推广产品或服务。通过与影响者合作，广告商可以将广告信息传递给目标受众，并借助其影响力扩大品牌知名度。

（5）利用互动体验。创造具有互动性的广告体验可以吸引受众的兴趣和参与。例如，通过举办互动展览、设置互动装置或利用移动应用程序等方式，广告商可以与受众进行实时互动，并传递广告信息。

（6）利用社交媒体挑战。社交媒体挑战是一种通过社交媒体平台推广的趋势。广告商可以设计有趣和具有共享性的挑战活动，并通过用户的参与和分享来传播广告信息。

（7）利用个性化和定制化。根据受众的个人喜好和特定需求，定制化广告可以提供更加个性化的体验。通过利用数据分析和人工智能技术，广告商可以向受众提供与其兴趣和偏好相关的广告内容。

（8）利用新兴媒体和技术。随着科技的不断发展，新兴媒体和技术为广告信息的创新传播提供了更多可能性。例如利用智能音箱、智能穿戴设备、语音助手等新兴技术，广告商可以将广告信息直接传达给受众。

通过创新传播方式，广告商可以打破传统广告的限制，创造与受众互动和参与的体验，并在竞争激烈的市场中脱颖而出。然而，创新传播应该与目标受众的特点和广告目标相一致，以确保广告信息能够有效地传达并产生预期的效果。

1.2.4 新媒体广告与企业文化传播

1.2.4.1 CI与企业文化传播

CI是corporate identity的缩写，译作企业形象识别。CI可以分为企业理念识别（mind

identity，简称MI），即企业的灵魂气质；企业行为识别（behavior identity，简称BI），即企业及成员的言行活动；企业视觉识别（visual identity，简称VI），即企业名称、标志、色彩等独特的视觉构成要素。例如，在新媒体时代，无论对于平板电脑还是手机，许多企业都化身为一个个"圆角App"。因此，企业视觉识别是否能简洁迅速地抓住用户，显得尤为重要。在新媒体时代，许多App在设计时或以独特的图形取胜，如新浪微博的App图标"火炬+眼睛"的组合体卡通形象（图1-23），或以突出企业的色彩取胜，如爱奇艺的App图标的绿色主打色（图1-24），都能给用户留下比较深刻的印象。

▲图1-23　新浪微博的App图标

▲图1-24　爱奇艺的App图标

1.2.4.2　新媒体广告品牌文化传播

（1）品牌文化内涵。品牌文化内涵是指品牌传播过程中彰显的价值观念、生活态度、审美情趣、个性修养、时尚品位、情感诉求等精神象征，包括价值内涵和情感内涵。在新媒体时代，消费者对品牌的选择和信赖更契合他们的价值观、个性、品位、格调和生活方式。他们对品牌文化的消费也更注重与文化心理价值的共鸣和个人情感的释放。消费者对品牌的选择和忠诚往往不是建立在直接的产品利益上，而是建立在对品牌深刻的文化内涵和精神内涵的高度认同上。当今时代，优秀的品牌文化不仅是民族文化精神的高度提炼和人类美好价值观念的共同升华，凝结着时代文明发展的精髓，而且可以使消费者对其产品的消费成为一种文化自觉，使品牌文化成为生活中不可或缺的内容。相比于传统时代，新媒体时代的用户更看重品牌背后的文化符号意义和用户群标记的新文化功能。

（2）品牌形象塑造。传统的品牌形象塑造主要采取情感导入、权威形象、心理定位和文化导入等策略。新媒体环境下，这些策略仍然发挥着重要作用。但除此之外，由于新媒体本身具有自主性、开放性等特点，这些由技术带来的传播特点使企业可以利用与以往不同的方法策略打造品牌形象。在网络视频广告中，利用系列微电影，以剧情取胜的方法效果较好。例如，支付宝品牌形象的打造就是利用支付宝传达的"信赖"理念植入到微电影广告中，进行综合传播效应，使品牌形象深入人心。微电影广告由于时长、集数等原因不可能完整地投放在电视媒体上，互联网或其他新媒体则成为这类广告塑造品牌形象的一个重要平台。

（3）品牌文化传播契机。新媒体广告的投放环境和投放方式都为品牌文化传播带来新的契机。转瞬即逝的热点事件和引发争议的重要议题都可以使广告品牌文化得到有效传递，甚至获得爆发式传播的契机。2015年1月，微信朋友圈开始投放广告后，微信用户就展开了对个人接收"档次"不同的广告问题的讨论。许多网友觉得接收可口可乐、宝马或vivo智能手机的心理体验有很大不同。微信朋友圈首批品牌广告的品牌传播定义了用户不同的"社会身份"（图1-25），使品牌传播的"圈层文化"传播成为一个有争议的话题，进而为品牌文化的传播创造了更多的机会。

▲ 图1-25 微信朋友圈首批品牌广告

1.2.5 新媒体广告与社会公益文化传播

　　1986年，中央电视台的《广而告之》开播，这一年被视为中国当代公益广告的元年。公益广告也称公共服务广告（public service advertising），旨在增进公众了解突出的社会问题，影响公众对此类问题的看法和态度，最终将目标设定为改变公众行为以减缓或解决这些社会问题的广告形式，分为由社会公共机构发布的公共广告和由企业发布的意见广告❶。常见的公益广告主题主要涉及人文道德和自然环保两大方面。前者涉及关爱儿童、关爱艾滋病患者、反腐倡廉等公益广告题材；后者关注如保护空气、森林、野生动物等公益广告主题。到了新媒体时代，公益广告的传播载体发生了变化。一方面，面对新的媒介环境，公益文化传播产生了一系列问题，如煽情化与物质化相结合、商业性与公益性之间相互博弈、连续性与品牌性的缺失等❶，这些问题折射在公益广告宣传上也多有较大的现实影响；另一方面，新媒体广告在公益文化的建构过程中，传播主体更加多元，传播题材日益丰富，传播渠道立体呈现，为新媒体广告文化的传播提供了更加广阔的平台。

1.2.5.1 人文道德型公益广告文化传播

　　常见的人文道德型公益广告主要由政府和社会机构制作和传播。由世界卫生组织结核病和艾滋病防治亲善大使彭丽媛女士与受艾滋病影响的儿童共同出演的公益广告《没有歧视，永远在一起》（图1-26）也产生了较大的社会影响。许多企业在进行商业宣传的同时，也自觉承担着传递人文社会道德的责任。例如惠氏公司在爱奇艺投放的《向母乳致敬》的广告就是一个较为典型的代表（图1-27）。惠氏作为一家奶粉企业，却向母乳致敬，表面上看，宣传的主题与它自身的商业利益相冲突，但企业的态度和诉求却反映了它传播人文社

▲ 图1-26 《没有歧视，永远在一起》公益视频

▲ 图1-27 惠氏奶粉《向母乳致敬》的广告

---

❶ 张明新、余明阳，《我国公益广告探究》，《当代传播》，2004年第1期。

会道德理念的良好愿望。

1.2.5.2 自然环保型公益广告文化传播

在社会转型时期，自然环保型公益广告的文化传播受到高度重视。党的十九大以来，我国生态文明建设进入了快车道，生态环境保护发生了历史性、转折性、全局性变化。我国社会经济发展的一个重要经验就是建立生态文明体制。生态环境不仅是关系党的使命宗旨的重大政治问题，也是关系民生的重大社会问题。因此，在改革开放纵向深度发展、新农村建设取得显著成效、社会转型步伐加快的背景下，围绕生态文明建设的自然环保型公益广告的传播题材日益丰富。

针对自然环境保护等公益性重大社会话题，大众主动参与讨论的意愿普遍增强。新媒体运营者、政府管理部门、社会公益机构、企业和受众都成为环保型公益广告文化的传播主体。例如，每年3月最后一个星期六的 20：30～21：30 开展熄灯一小时"不插电"活动，是多元主体共同参与的一项公益传播活动。社会大众在QQ、微博、微信等社交媒体上进行"符号点亮"，通过"转载"等方式进行传播，全方位地扩展了公益广告文化传播的社会影响力。

新媒体广告对社会相关问题的探讨涉及新媒体广告与人、新媒体广告与群体、新媒体广告与社会三个层级的关系。从社会学视角关注新媒体广告的发展，从三个层级的关系来认知新媒体广告的社会伦理问题、监管问题、文化传播问题，有助于人们对新媒体广告存在和发展的社会意义产生更深刻的理解。

> **思考与练习**
>
> 1. 简述广告的文化属性和新媒体广告的文化传播。
> 2. 简述新媒体广告与企业文化传播的紧密性。
> 3. 论述新媒体广告与企业文化、消费者文化及公益文化之间的关系。

1.3 新媒体广告与社会责任

新媒体广告与社会责任有着紧密的联系和互动作用。新媒体广告是利用互联网和数字技术传播广告信息的方式，而社会责任指企业对社会和环境负责的行为和承诺。

1.3.1 新媒体广告伦理概述

1.3.1.1 广告伦理

广告尤其是商业广告从其诞生之日起就致力于谋求经济利益的最大化，因此，广告经常与社会伦理道德、社会文化产生冲突与碰撞，虚假广告、恶俗广告、儿童不宜广告、性别歧视广告、恶意竞争广告等在生活中屡见不鲜。这些现象对广告道德伦理认知构成了一定的挑战。

广告伦理是广告业务中至关重要的一个方面。在广告行业中，推销产品或服务是不可避免的，然而，广告人员必须牢记他们的责任和影响力。在设计广告时，伦理原则应该始终贯穿其中。首先，广告应当诚实和透明，不得故意误导消费者，包括虚假陈述、夸大产品优势或隐瞒缺陷。其次，广告应尊重消费者的尊严和隐私权，不应侵犯个人隐私或利用消费者的个人信息进行针对性营销。此外，广告不应利用恐惧、歧视或负面情绪来诱导消费者购买产品。广告人员应该尊重不同的文化和社会价值观，避免冒犯或误解他人。最后，广告创意和表现形式也应该遵循社会道德标准，避免低俗、暴力或不当内容。综上所述，广告伦理是确保广告行业健康和可持续发展的基石，只有遵循伦理原则，广告才能更好地为消费者和社会服务。

我国有学者基于此对广告伦理概念做出界定："研究广告活动中以善恶为标准、依靠广告行为主体的内在道德修养和外在道德规范维系的、协调广告活动涉及的个人、组织及社会等各利益主体之间的关系，以及对广告活动本身进行评判的原则规范、道德意识和行为活动的总称。"❶这一概念较好地解释了广告伦理研究的层次，对理解广告伦理在广告传播实践中的运用提供了较好的思路。

1.3.1.2 新媒体广告伦理

新媒体是对依托于数字化、网络化信息处理技术和通信网络的新兴信息媒介的总称。新媒体主要有四个显性特征：第一，依托于数字化、网络化、平民化信息处理技术；第二，有专业信息网络机构主导；第三，以各种数字化信息处理终端为输出装置；第四，通过向大规模用户提供交互式信息和娱乐服务以获取经济利益的各种新型传媒形态的组合。新媒体的这些显性特征为认知新媒体广告的伦理价值提供了坐标。例如，新媒体的平民化信息处理技术向用户提供娱乐化服务，为广告的传播提供了价值判断，也为新媒体广告伦理的价值分析提供了认知视角。

基于互联网的新媒体广告具有及时性、互动性、虚拟性和海量性等特点，这也使广告原有的弊端有了滋生的空间和土壤。在新媒体平台上，传播环境的改变使得新媒体道德伦理失范事件增多，呈现出比传统媒体时代更加多元化、复杂化的特点。预防新媒体广告传播的失范，既要靠制度从外部进行约束，又要靠新媒体广告伦理从内部进行约束。在新媒体广告环境下，自媒体有了很大的发展空间，广告的传播主体也日趋多元化，但这并不意味着新媒体广告传播没有禁区，而是需要针对业界实践建构一些核心广告伦理理念，并形成基本的伦理共识。因此，新媒体广告伦理的研究显得十分必要和有价值。从新媒体广告伦理建构的现实需求看，尊重事实、尊重知识产权、尊重隐私、尊重社会公益应该是新媒体广告伦理价值呈现的重要内容。

1.3.1.3 新媒体广告伦理的定义及特征

新媒体广告伦理指对新媒体广告传播活动进行评判的原则规范、道德意识和行为的总称。核心内容是新媒体平台上各个利益主体之间的关系认知、价值判断与社会评价。

新媒体广告伦理主要具有功利性、人文性、自主性、开放性和虚拟性等特征。

功利性是广告伦理的本质，新媒体广告伦理当然也不例外。人文性指的是新媒体广告作

---

❶ 苏士梅，崔书颖. 广告伦理学. 郑州：河南大学出版社，2010：43.

为一种反映社会的观念文本，其中渗透着强烈的人文色彩。自主性是指新媒体广告的发布主体更加多元化，被关注的方式与时间更具"量身定制"的色彩。开放性包含两方面的内容：一方面是指新媒体时代的通信网络具有开放性；另一方面指随着网络技术的发展，广告、公关以及新闻等的特征和边界变得越发模糊。虚拟性是指在新媒体时代，互联网主体本身具有虚拟性，通过互联网传递的广告伦理等信息也具有虚拟性。

1.3.2　新媒体广告伦理的失范

1.3.2.1　新媒体广告伦理失范的表现

广告的真实性指广告传播的关于产品或服务的核心事实及语言表达技巧应合乎真实性。新媒体广告的传播平台更加宽广，方法更加灵活，形式更加多样。但有时这些传播优势反而会影响消费者准确理解广告内容。新媒体广告伦理失范主要表现为真实性的缺失、思想性的缺失及审美性的缺失等。

（1）真实性的缺失。网络创意的尺度过大、网络语言的不规范和虚拟场景的运用都会造成受众的认知误区，引起受众对广告真实性的怀疑。真实性的缺失是新媒体广告伦理失范中最重要、最普遍的现象。

（2）思想性的缺失。广告的最终目的是实现销售，但新媒体广告活动的各主体仍应遵循公平、公正的经营理念，承担相应的社会责任，传递积极、健康、正面、向上的思想内容，与负面、恶俗的内容划清界限。近年来，一些新媒体广告为了追求新、奇、异的视觉冲击力，致使广告传播缺乏思想性，造成一定的负面社会影响。例如，某公司围绕贷款制作的短视频广告就被网友指责违背了广告的伦理道德，该公司在收到投诉后第一时间紧急下架。

（3）审美性的缺失。新媒体广告伦理审美性的缺失主要表现为内容美的缺失和形式美的缺失。在网络平台上，色情、低俗广告的存在就是广告内容美缺失的表现。这类广告是对内容健康、格调高雅的广告的一种挑战。许多网络小广告缺乏创意设计、制作粗糙、配色格调不高、缺乏形式美，这是对受众视觉、听觉、互动参与行为的极大不尊重。虽然现实中存在审美性因人而异的情况，但从社会认知来看，无论是内容美还是形式美，仍然会有一个大致的"共同认知标准线"，逾越了这条审美线，就可能造成新媒体广告伦理失范问题。

1.3.2.2　新媒体广告伦理失范的原因

（1）广告经济属性的片面误读。新媒体广告环境中，一些广告主和广告公司看重短线利益，缺乏长久经营的远见，漠视公众和社会利益，背离了广告伦理道德的原则，利用色情、暴力甚至虚假、欺骗广告来牟取自身的经济利益。这是对新媒体广告经济属性的片面误读，造成新媒体广告中的利益和道德冲突不断，与传统广告时代相比更是愈演愈烈。新媒体广告的经济属性较为显性，新媒体平台广告交易的主体多元，利益纠葛较为复杂，新媒体的快速发展使新媒体广告的生存竞争较为激烈，这些因素也是新媒体广告伦理失范现象时有发生的最直接原因。

（2）网络广告技术运用误区。网络和新媒体具有很强的匿名性，发布信息的主体身份的缺失容易造成信息传递的暧昧性和虚伪性。首先，对于消费者而言，他们并不清楚许多网络和新媒体广告的来源和发布者的真实身份，这样就给消费者维权带来了很大困难。其中的典型案例就是很多新媒体用户碰到"弹窗"广告或"病毒"广告后饱受困扰却"投诉无门"。

其次，网络和新媒体与传统媒体时代相比，信息发布者的准入门槛更低。典型案例就是当下微信朋友圈的"代购"广告现象，店家只要拥有一部手机和无线网络，注册一个微信号就可以对自己的产品进行宣传和售卖。但是，低门槛给卖家带来便利的同时，也造成了信任危机，在目前缺乏第三方监管或第三方监管不到位的情况下，如何保证卖家广告的真实性和产品的质量是一个非常重要且亟待解决的问题。

（3）相关法律法规不完善。新媒体的发展和更新速度较快，新媒体广告新形态常常是传播一段时间后，与此配套的法律法规或管理条例可能才颁布。政策法规的滞后性成为新媒体广告管理的难点。例如，微信朋友圈集赞赠礼物等类型的促销广告在存在很长一段时间后仍然不在法律法规的管辖范围内；再如，目前较为流行的微信私人账号进行的售卖行为，一旦出现问题，消费者也很难维权。因此，消费者在这些领域一旦遇到虚假与欺骗广告，就得不到相关法律法规的保护。这些行为在特定环境或特定时间段都会成为新媒体广告伦理失范的原因。

（4）广告行业自律体系不健全。相比于欧美等国家成熟的市场经济体制，目前我国商品市场中的行业自律体系尚不完善，广告传播中的假冒伪劣现象时有出现，这是阻碍我国新媒体广告市场健康运转的一个主要障碍。例如，在每年"3·15"晚会的集中打假之前，各大企业都会对伪劣产品和虚假广告进行"集中整治"。这种现象的存在，一方面说明广告行业的自律体系监管不到位，为虚假广告存在提供了可乘之机，漏网之鱼不在少数；另一方面说明广告行业的自律体系不健全，才有了"3·15"晚会这样的公开监督平台。消费者虽然很期待这一平台的信息发布，但一年一次的特殊监管仍从另一个侧面反映出我国新媒体广告行业的自律体系建设尚需付出更多的努力。

1.3.3　新媒体广告监管

在新媒体环境中，新的广告形态不断涌现，广告监管的对象和范畴逐渐扩大。由于广告边界的模糊，广告监管的灰色地带也不断延展，广告监管执法难度增强，因广告伦理失范而带来的困扰也影响着人们对新媒体广告的认知。这些因素都制约和影响着新媒体广告监管的理念、方法和路径，并使它们随之产生相应的变化。

1.3.3.1　新媒体广告伦理失范的危害

新媒体广告伦理失范，一方面会破坏广告市场的正常运行秩序，增加因为"打假"而造成的行业交易成本。例如，许多品牌产品卖家会因为假冒伪劣产品的存在而投入许多成本进行"防伪"。另一方面，广告伦理的失范也会损害社会的诚信观念，扭曲社会的主流价值观。例如，某购物网站推出的"大胆爱新欢"系列广告，一经在新媒体上播出即引发了网友的广泛不满。许多网友认为该广告打着与旧物分手和与旧爱分手的相似性的擦边球，传递着"鼓励放弃旧爱，大胆爱新欢"的价值观。特别是其中隐含着因为金钱、名誉、地位、性欲而放弃爱人等观点，致使这一广告立意饱受争议。从中不难看出，新媒体广告伦理的失范很可能会对主流价值观造成一定的冲突，并阻碍新媒体广告行业的健康良性发展。

1.3.3.2　新媒体广告的社会责任

我国学者指出："广告的社会责任，是指广告从业人员或组织在广告活动中，在处理有关自身的权利和义务关系时应当坚持的伦理观念、职业道德以及社会行为规范。广告业发展水平如何，可以从其职业道德及社会行为的规范程度来衡量。"❶新媒体在传递广告信息时，会对受众的世界观、人生观、价值观等产生显性或隐性的影响，具有一定的教育引导甚至控制作用，积极健康的广告信息会对受众产生正面影响，消极不良的广告信息则会污染受众的视听。作为新媒体传播的一种重要信息形式，广告传播者需要承担相应的社会责任。广告的社会责任是广告伦理的一个重要部分。在新媒体时代，国家、社会、行业主体、网民受众在法治建设、监管体制改革、行业自律体系建设、受众素质提高等层面都应关注和回应社会的关切，并能够真切地感受到新媒体广告监管的社会意义。

思考与练习

1. 新媒体广告伦理失范的主要原因是什么？
2. 简述新媒体广告监管的价值、监管的社会责任和监管的途径。

1.4 我国新媒体广告的发展简史

要想了解新媒体广告的发展脉络，首先需要梳理新媒体的发展历程。1994年年初，我国获准加入国际互联网，并在同年5月完成全部联网工作。随着四大骨干网相继建成，我国全面进入互联网时代。互联网的出现催生了新媒体，此后每隔几年，主流新媒体平台的格局就变化一次（表1-2）。可以发现，新媒体在技术革新的推动下不断迭代，功能日益丰富，影响力也不断扩大。

表1-2　1998～2019年主流新媒体平台的格局变化

时间	主流新媒体平台	主要盈利模式	意见领袖	主打广告类型	主要社交媒体
1998年	门户网站	短信服务	网管	网站广告、订阅邮件	邮件
2002年	论坛	置顶加精	版主	论坛帖子	QQ
2005年	博客	道具付费	博主	博文公关	QQ
2008年	搜索引擎	枪手软文、强制弹窗、付费排名	站长	捆绑下载、竞价排名	QQ
2010年	微博	电商	"大V"	话题头条、贴片广告	QQ
2013年	微信	大号转发	大号	朋友圈广告、公众号广告	QQ、微信
2016年	短视频	广告电商	网络红人	视频广告	QQ、微信、旺旺
2019年	直播	打赏电商	主播	真人带货	QQ、微信、旺旺、钉钉

1.4.1　我国新媒体广告发展轨迹

研究新媒体的发展轨迹，我们可以发现其演进规律。通常，某一新媒体的发展会经历

---

❶ 潘向光. 现代广告学. 杭州：杭州大学出版社，1999：288，289.

四个阶段，即导入期、成长期、成熟期和衰退期，形成类似抛物线的轨迹。新媒体平台导入期可能很漫长，但到达一定程度后，会进入成长期；成长期是一个加速成长的阶段，在这个阶段，新媒体平台很可能迅速发展至新的高度；随后进入相对稳定的成熟期；最后逐渐消退，慢慢走入衰退期。这条轨迹可以侧面反映新媒体平台的全生命周期价值。

无论是学界还是业界，对我国新媒体广告的发展史都尚未形成定论。通过梳理、考察新媒体的发展轨迹，暂且将我国新媒体广告的发展分为起步期、调整期、跨越期、狂飙期和主导期5个阶段（表1-3）。

表1-3 我国新媒体广告发展历程

时 期	阶 段
1997～2000年	混沌中探索的起步期
2001～2002年	商业模式压力调整期
2003～2006年	搜索引擎付费模式突破跨越期
2007～2014年	宽带普及带动行业进入狂飙期
2015年至今	移动网络机遇中变革主导期

1.4.1.1 混沌中探索的起步期

1994年10月14日，伴随着互联网的商业化进程，美国《连线》杂志推出了网络版本——Hotwried，并在其主页上发布了AT&T公司（American Telephone and Telegraph，美国电话电报公司）等14个客户的横幅广告，它标志着人类历史上第一则新媒体广告的诞生。

在新媒体广告领域，国内的网络媒体运营者开始模仿和借鉴国外先行者的经验，在产品设计和运营上吸收他人的长处。同时，该阶段我国网络媒体还积极通过公关、广告、研讨会等多种方式进行宣传，发起了新媒体广告的"启蒙运动"。

因此，我们将1997～2000年定义为我国新媒体广告的起步期。这一时期新媒体广告初具规模，广告数量迅速增加，但广告质量普遍较低。

起步期的新媒体广告与其他新生事物一样，受到多重因素的影响，存在很多不足。网络技术水平低、广告经营水平低、效果监测手段落后、法律法规不完善、广告主法律意识淡薄、广告监管缺位等，都限制了我国新媒体广告的健康发展。

1.4.1.2 商业模式压力调整期

2000年年末，几乎每天都有网络公司倒闭的消息，以超过每24小时倒闭一家的速度迅速蔓延。这种情况一直持续到2001年，且愈演愈烈。一度高歌猛进的新兴产业遭遇寒冬，资本市场上的互联网泡沫迅速消退。

此前的数年间，大量投资者涌入高速成长的互联网产业，欣欣向荣的表象背后却隐藏着诸多现实问题。例如，互联网行业内容免费的先发模式导致盈利模式不明，投资回报遥遥无期，当投资者投入的巨额资金在短期内没有得到预期回报后，企业流动资金匮乏，投资者纷纷退出，许多曾经一时风光的互联网企业相继轰然倒塌。

如此，整个互联网行业都陷入了巨大的恐慌之中，即便是已经上市的大型互联网企业也因为股票被大量抛售而陷入困境。因此，2001年又被称为互联网的"危机之年"。受互联网泡沫危机的影响，新媒体广告行业随之进入缓慢增长阶段，行业整体面临着巨大的压力。与此同时，我国经济社会的信息化程度不断提升、基础设施建设投入持续增大、移动互联网崭露头角、互联网行业环境逐渐向好，新商业模式的诞生为新媒体广告行业的发展提供了新的契机。

虽然新媒体广告行业进入发展平缓期，但由于新媒体广告的投放效果收到了良好的市场反馈，越来越多的广告主开始青睐这种新兴的广告形式。艾瑞咨询发布的《2002年中国网络广告年报》数据显示，2002年，新媒体广告的广告主数量达到了910家，与起步期相比有了较大规模的增加。随着广告主数量的增加，新媒体广告的收入规模也逐渐扩大，以新浪、搜狐、网易三大门户网站为代表的网络媒体也于2002年先后扭亏为盈。

值得一提的是，这一时期的新媒体广告形式也开始有了突破，弹窗广告、长横幅广告、对联式广告等视觉效果更佳的广告形式相继出现；更加多元的广告计费模式，使新媒体平台的广告资源得到更合理、高效的利用，广告投放预算的门槛逐步降低，吸引了很多原本缺乏足够资本在传统媒体平台投放广告的企业。

鉴于业内已暴露的互联网广告行业的弊病，2001年年初，国家工商行政管理局完成了《网络广告法》第三稿的起草工作并提交相关部门审批，为新媒体广告行业的规范、有序发展创造了良好的制度环境。

1.4.1.3 搜索引擎付费模式突破跨越期

2000年之前，以雅虎、搜狐为代表的门户网站以用户规模为导向，采用免费政策扩大用户基数，同时向部分企业免费提供互联网推广试验机会。

2001~2003年上半年，搜索引擎推广开始从免费向收费过渡，搜索引擎开始占据互联网产业的主导地位。

2003年中后期开始，以关键词广告（竞价排名）为代表的搜索引擎广告快速发展，同时基于自然检索结果的搜索引擎优化（Search Engine Optimization，SEO）开始受到重视。

另外，搜索引擎付费模式也有了新的突破，出现了按点击量付费、按浏览量付费等多种网络广告付费模式，为广告主提供了更加灵活多样的选择，促进了新媒体广告的发展。

与此同时，新媒体广告在类型、监测、法律体系、价值四个方面均有所突破。在这个时代背景下，新媒体广告行业赢得了更为广阔的发展空间，各个方面都取得了跨越式发展。

1.4.1.4 宽带普及带动行业进入狂飙期

2007年1月23日，中国互联网络信息中心发布《第19次中国互联网络发展状况统计报告》。报告显示，截至2006年12月31日，我国共有上网计算机约5940万台，上网用户约1.37亿人，网民数占全国人口比例首次突破10%，域名总数为4109020个，网站数约843000个，网络国际出口带宽数约256696Mb/s。

2008年1月17日，中国互联网络信息中心发布了《第21次中国互联网络发展状况统计报告》。报告显示，截至2007年12月31日，我国各种宽带用户的总和占网络用户总数的85.9%，其中ADSL上网比例已经达到了46.5%，成为主流的上网方式，我国已经全面进入宽带网络时代。由于宽带的普及、网速的提高和互联网使用的便捷性，越来越多的人使用网络消费资讯、游戏、视频等信息产品，更多人喜欢使用网络购物，为新媒体广告行业的狂飙突进奠定了坚实基础。与此同时，视频网站、游戏网站、社交网站、移动应用等新媒体平台迅速崛起，视频贴片广告、网剧植入广告、富媒体广告等新型广告形式的出现，为新媒体广告注入了新的活力；广告主对新媒体广告的投放策略更趋成熟。2011年，新媒体广告业整体收入首次超过报纸广告，与电视广告的收入差距也在不断缩小；电商网站和视频网站的崛起，令新媒体广告的市场结构得到了进一步优化，门户网站垄断新媒体广告的局面被打破。

1.4.1.5 移动网络机遇中变革主导期

时至2015年，伴随着"网络强国""国家大数据""互联网+"战略的实施，我国互联网行业迎来了重要的发展机遇，新媒体广告行业也因此发生了变革。工业和信息化部的《2015年8

月国内4G手机市场运行分析报告》显示：2015年8月，国内手机市场出货量为4738.4万部，其中，4G手机出货量为4071.5万部。

前瞻产业研究院整理得出的结论显示：2020年1～5月，国内手机出货量为1.24亿台，至2022年一季度末，我国手机网民规模已达8.97亿人次。这些数据充分表明，我国移动网络市场迅速发展，我国60%以上的人口会使用移动终端上网，享受移动互联网带来的快捷与便利。

移动互联网的兴起，使得各大平台开始将战略眼光由个人计算机（Personal Computer，PC）端转向移动端，电商、手机游戏、手机视频等平台已经成为广告主青睐的广告投放平台。

在视频广告方面的变革尤为突出，与视频内容密切相关的原生广告、互动营销、场景营销，以及针对用户行为特征的精准营销成为此时网络媒体的主要创新点。视频与短视频平台成为广告主投放广告的重要阵地。《2022抖音数据报告》显示，2022年抖音日活跃用户数突破6.5亿人。2019～2022年抖音日活跃用户数如图1-28所示。

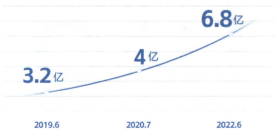
▶ 图1-28　2019～2022年抖音日活跃用户数

这两份数据传递了一个共同信号：如今，短视频平台已经成为流量的重要聚集地，成为广告主投放新媒体广告的重要渠道。例如，"三只松鼠"（一家生产休闲食品的企业）在抖音平台上建立了账号，截至2023年3月2日，其粉丝量已超过538万人，抖音平台已经成为"三只松鼠"品牌宣传与推广的主要渠道（图1-29）。在这一时期，创意成为影响新媒体广告投放效果的重要因素。广告只要具有足够吸引眼球的创意，就有可能吸引用户的注意力，取得令人瞩目的广告效果。可以预见，新媒体形态演进不会止步当下，未来十年会有更多新的媒体平台代替现有平台。

▶ 图1-29　三只松鼠抖音动画短视频

1.4.2　我国新媒体广告法规建设

1.4.2.1　我国广告法规建设概述

（1）有中国特色的广告法律体系。1994年10月27日，《广告法》由第八届全国人民代表大会常务委员会第十次会议通过，自1995年2月1日起施行。这是我国历史上第一部较全面地规范广告内容及广告活动的法律，是体现国家对广告的社会管理职能的部门行政法，是我国社会主义市场经济体制逐步建立的结果，也是维护广告市场秩序的重要工具，具有目的性、针对性、操作性和变迁性。除此之外，我国也实施了《合同法》《侵权责任法》《消费者权益保护法》《产品质量法》《反不正当竞争法》《商标法》《食品安全法》和《电子签名法》等一系列与广告相关的法律法规，形成了有中国特色的广告法律体系。

（2）新媒体广告的过渡管理办法。2010年5月，国家工商行政管理总局依据上述法律法规制定并颁布《网络商品交易及有关服务行为管理暂行办法》（自2010年7月1日起施行，2014年3月15日废止）。2014年1月26日，国家工商行政管理总局令第60号文件发布《网络交易管理办法》（以下简称《暂行办法》），并于2014年3月15日施行。该办法放宽了广告主体资格，自媒体广告被纳入现行法律法规；涵盖"网购7天后悔权"保护个人信息、拓宽管辖范围、电子凭证投诉有效性、第三方交易平台终止服务提前公示及微博广告需注明等。它也对消费者权益保护措施进行了细化，其中，以往消费者网购时常见的"刷信用"和"差评师"等现象将受到处罚。可以说，《暂行办法》针对目前网上交易数字化和虚拟化的信用瓶颈，某种程度上解决了这一阻碍电子商务发展的障碍，成为该领域法律制度建设的"首规"。

（3）新媒体广告规制建设。2015年4月24日，《广告法》由第十二届全国人民代表大会常务委员会第十四次会议修订通过，修订后的《广告法》自2015年9月1日起施行。新《广告法》有两点明确规定：第一，禁止烟草广告通过各种媒介出现在公众场合，禁止利用其他商品或服务的广告、公益广告宣传烟草制品名称、商标等内容；第二，坚决打击虚假广告，治理弹窗广告的关闭问题，应显著标明关闭标志，确保一键关闭，违者将被处以5000元以上3万元以下的罚款。新媒体广告管理通过法律条文的形式被纳入广告规则建设的范畴。

2022年，国家互联网信息办公室、国家税务总局、国家市场监督管理总局联合印发《关于进一步规范网络直播营利行为促进行业健康发展的意见》，着力构建跨部门协同监管长效机制，加强网络直播营利行为规范性引导，鼓励支持网络直播依法合规经营，促进网络直播行业发展中规范，规范中发展。

1.4.2.2 我国广告管理专项政策法规

（1）"限娱令"。"限娱令"指的是国家广播电视总局在2011年出台的《广电总局将加强电视上星综合节目管理》。该文件要求各个地方卫视从2011年7月起，在17:00～22:00黄金时段，娱乐节目每周播出不得超过3次，被大众称为"限娱令"。"加强版限娱令"是指2013年出台的《关于做好2014年电视上星综合频道节目编排和备案工作的通知》。该文件规定每家地方卫视每年新引进版权模式节目不得超过1个，歌唱类节目黄金档最多保留4档。因为娱乐节目与其中或前后插播的广告关系密切，"限娱令"对各地方卫视的广告播出、编排等一系列问题产生了较大影响。

（2）"限广令"。"限广令"是国家广播电视总局针对电视剧中插播广告问题所做的一系列规定。2011年10月11日和11月28日，国家广播电视总局分别下发了《关于进一步加强广播电视广告播出管理的通知》和《〈广播电视广告播出管理办法〉的补充规定》。决定自2012年1月1日起，全国各电视台播出电视剧时，每集电视剧中间不得再以任何形式插播广告。内容包括以下要点：第一，必须始终坚持把社会效益放在第一位；第二，规范影视剧中间插播广告行为；第三，规范新闻节目中插播广告的行为；第四，清理违规电视购物短片广告；第五，整顿虚假违法健康资讯广告；第六，坚决禁止在转播节目时插播各类广告；第七，严格按规定要求播出公益广告；第八，从严查处各类广告违规行为。各大媒体对"限广令"的反应各有不同，传统电视台认为限制广告会影响自制剧的质量，对于视频网站来说则是利好政策。

目前，新媒体广告法律法规建设尚处于过渡期，法律法规的适用性及有效性还需进一步获得市场的检验。但从已颁布的法律法规文件来看，国家管理部门和广告各经营主体对新媒体广告政策法规的制定力度不断加大，实施政策和规制措施也在不断完善。

1.4.2.3 我国新媒体广告监管体制

（1）广告监管的概念。广告监管的含义分为广义和狭义两方面。广义的广告监管是指对从事广告活动的一切主体的行为产生监督、检查、控制和查处作用的文本（法律法规）、机构（政府行政机构、社会组织）、个人或社会舆论与伦理道德的监管。狭义的广告监管是指国家广告监管部门运用国家的授权，依照法律法规对广告活动全过程进行监督、检查、控制和查处的工作，使之适应社会发展活动❶。在国家工商行政管理总局颁布的《广告产业发展"十四五"规划》中，广告监管和发展指标被列入全国文明城市测评体系和社会管理综合治理工作考核体系，大数据监管模式开始构建，新媒体广告市场监管进入有序发展的轨道。

（2）广告监管机构。在我国，代表国家行使广告监督管理职能的机构主要是工商行政管理机关，从国家到省（自治区、直辖市）、地方、县级各个层级都有相应的管理部门，目前已经形成了比较完善的广告监督管理机构体系❷（图1-30）。与此同时，在新媒体时代，信息产业部等信息网络相关部门也逐渐参与广告监管的工作。

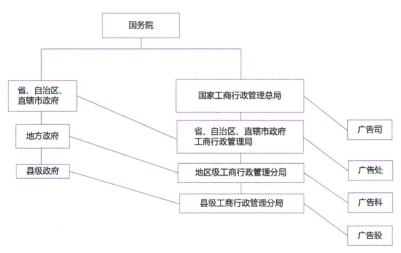

▶ 图1-30　我国的广告监督管理机构体系

1.4.2.4 新媒体广告监管体系建设

（1）设立新媒体广告管理机构。我国现有的广告监督管理体系主要与传统广告的运营体制相匹配。新媒体环境下，广告监管的对象和主体都发生了较大变化，原有广告监管部门的管理职能和管理方式也需尽快转变。目前，我国新媒体广告的监管主体是国家各级工商行政管理部门，在各级部门内设置新媒体监管机构或设定专门监管人员是一个常规性的应对措施。从新媒体广告管理体系建设看，设置集信息产业管理、工商行政管理、刑事法律管理等多种职能于一体的新媒体广告监管部门已成为必然，设立专业管理部门负责管理如微博、微信广告和网络视频广告等新媒体广告的监管，也是新媒体广告市场发展不断成熟，广告监管逐步专业化的具体表现。

（2）技术硬件建设。技术和硬件设施是政府相关部门能够实现有效监管的物质条件

---

❶ 陈正辉. 广告伦理学. 上海：复旦大学出版社，2008：271.
❷ 张金海，余晓莉. 现代广告学教程. 北京：高等教育出版社，2010：182.

保障。一方面，可以借鉴其他国家最新、最有效的新媒体广告监管技术，如欧美国家较早地使用对新媒体广告内容进行关键字段监测等手段，有较好的监管效果，可以借鉴学习。另一方面，国内相关部门也开始加大新媒体广告监管硬件设施建设的投入。国家工商管理总局在《广告产业发展"十四五"规划》中明确指出，要加快广告业技术创新，鼓励广告企业加强科技研发，提高运用广告新设备、新技术、新材料的水平，促进人工智能、虚拟现实、全息投影等以数字、网络为支撑的各种新技术在广告服务领域的应用，研发用于广告业的硬件和软件。这些技术硬件设施的建设为新媒体广告监管体系的建设提供了重要支撑。

（3）提高新媒体广告从业人员的媒介素养。在新媒体时代，加强新媒体广告从业人员的队伍建设，提高新媒体广告从业人员的媒介素养，是新媒体广告监管体系建设的重要内容。大量广告、法律和行政相关专业的人才进入广告行业，使广告的科学化运作得到保证；新闻传媒、信息软件、技术工程等相关专业知识背景的人才加入广告监管队伍，使新媒体广告监管的机制更加顺畅。提升广告从业人员在互联网、新媒体方面的媒介素养，打造一支拥有过硬信息技术专业基础的广告专业人才队伍，是实现对新媒体广告运营系统全面检测和监管的必要路径。

1.4.3 加强我国新媒体广告行业自律

1.4.3.1 广告行业自律的基本问题

（1）广告行业自律。广告行业自律是广告发展为独立产业经济形态的必然结果和要求，是一种行业自我管理行为。"它是由广告主、广告经营者和广告发布者自发成立的民间性行业组织，通过自行制订一些广告自律章程、公约和会员守则等，对自身从事的广告活动进行自我约束、自我限制、自我协调和自我管理，使之符合国家的法律、法规和职业道德、社会公德的要求。"❶广告行业自律具有自愿性、规范性、道德性、广泛性和灵活性等特点。

（2）我国广告行业自律发展现状。1983年12月，中国广告协会成立。1997年，中国广告协会制定了《广告宣传精神文明自律规则》。同年12月，国家工商行政管理局印发了《广告活动道德规范》，这是我国广告行业自律开始系统化建设的标志。2007年6月，中国广告协会互动网络委员会在北京成立。该组织成立后，积极推动基于互联网、手机等互动媒体之间的互动营销，规范网络广告互动营销的运营模式，推动了互联网广告的快速健康发展。

1.4.3.2 新媒体广告行业的自律措施

（1）完善行业自律规章和准则。新媒体时代，对推进广告市场自我管理、自我规范、自我净化，发挥行业自律作用，建立违法广告提示预警机制的要求更高；加强舆论监督和社会监督，回应社会热点问题，及时处理违法广告投诉举报，支持广告领域的消费维权，也是新媒体时代广告健康发展的关键。建设"主体自治、行业自律、社会监督、政府监管"的社会

---

❶ 陈正辉. 广告伦理学. 上海：复旦大学出版社，2008：277.

共治体系，对新媒体时代广告的综合治理能起到有效的保障作用。

（2）建立新媒体广告批评制度。广告批评是广告业必要的组成部分，建立新媒体广告批评制度也是时代发展的需要。广告批评从独立的视角来研究和评析广告行为，对广告活动的运作进行监测，对广告的优劣、成败做出科学的评估，对规范新媒体广告市场行为、推动新媒体广告健康有序发展具有重要的建设意义。在广告市场的多角关系中，广告批评是第三方，对广告现象的观察和批评更为客观。专业性的广告批评能够洞察广告创作实践的成败得失，指导和矫正广告创作中存在的不良倾向，有助于广告主深刻地认识广告运作的规律，增强其鉴别和评价广告作品的能力，科学地参与广告活动。广告批评有助于受众和广大消费者正确地解读广告信息，认同广告文化。在新媒体广告行业自律体系的建设中，广告批评是一个重要的环节，其地位和作用是无可替代的。

（3）建立广告信用监管制度。建立广告信用监管制度，提升依法监管、科学监管广告活动的能力，不仅是新媒体广告法治建设的重要内容，也是推进广告行业自律体系建设的重要努力方向。通过广告市场多角关系的多方联动，可以分阶段、有步骤地建设以网络平台为支撑的广告监测中心和监管调度指挥平台，分析、研判广告市场秩序的现状、趋势和社会热点，及时发现、制止可能造成社会不良影响的广告和其他违法广告，加强事中、事后监管，建立广告信用监管制度，进而完善广告活动主体失信惩戒机制。

> **思考与练习**
>
> 1. 狂飙期我国新媒体广告发展中出现了哪些变化？
> 2. 简述你对我国广告管理专项政策法规的理解。
> 3. 简述我国新媒体广告监管体系建设的必要性。
> 4. 谈谈你对"限广令"和"限娱令"的看法。

1.5 新媒体广告的常见类型

1.5.1 门户网站广告

门户网站包括综合门户和垂直门户。门户网站广告，是指投放在门户网站网页（特别是首页）上的广告。

衡量门户网站是否具有投放广告的价值潜力，可以根据以下两个数据来判断。第一个数据是该网站的综合浏览量（Page View，PV），其是指该网站各网页被浏览的总次数，是目前判断网站访问流量常用的计算方式，也是反映网站受欢迎程度的重要指标。第二个数据是该网站的独立浏览量（Unique View，UV），其是指将一段时间内访问该网站的一台计算机客户端计为一次浏览量。综合浏览量和独立浏览量越高，说明该门户网站越具有广告投放价值。

1.5.2 搜索引擎广告

常见的搜索引擎有百度、搜狗、360等，投放在这些搜索引擎平台上的广告，统称为搜索引擎广告。如今，当人们想了解某一事物的相关信息时，可能第一反应就是打开搜索引擎，但搜索引擎给出的搜索结果有排列顺序的差异，排在前面的信息，自然更容易被用户看到。因此，商家愿意以付费的形式获得更有利的排名。

1.5.3 移动App广告

移动App广告是指投放在移动App上的广告。随着手机、平板电脑等移动终端设备越来越深入人们的生活，广告主开始在人们使用较为频繁的App上投放广告。例如，当用户点开知乎App，能够在知乎App问题推荐的页面中看到其他软件的下载广告，能在热榜页面看到一些影视剧的广告，能在一些专题中看到课程广告，甚至能在一些用户的回答中，不自觉地被其文章中介绍的产品吸引（图1-31）。

▲ 图1-31 推荐页面的广告

1.5.4 微信广告

微信是目前人们使用最为频繁的社交软件之一。虽然微信也属于移动App，但因为其具有其他移动App不具备的特殊属性，被称为"超级App"，所以拥有独特的广告价值。

例如，微信公众号广告就是其他移动App没有的，这类广告多为拥有较多粉丝的意见领袖发布，通常在文章的结尾处出现。另外，微信朋友圈作为用户自己的信息流展示页面，也成为一个重要的广告投放场所。这类"（自媒体）广告"主要面向用户微信朋友圈的熟人，属于小范围传播（"窄告"）（图1-32）。

1.5.5 微博广告

微博作为一种兼具即时属性和（陌生人）社交属性的互联网应用软件，汇聚了大量用户，是普通用户、名人发布信息的重要平台。用户可以自行发布营销信息，平台也可在信息流中间插入广告等商业推广信息。

▲ 图1-32 微信朋友圈广告

开屏广告是微博常见的一种广告。开屏广告的展现形式是：用户打开手机软件时，弹出一张显示时长为3～5秒的广告图片。

"热搜"是微博最具人气的特色功能，绝大部分使用微博的用户都会浏览热搜话题，热搜自然也是投放广告的绝佳场所。

微博热搜上的第三位和第六位通常为广告位，也以热搜话题的形式呈现。非商业推广的热搜话题通常会标注"热""爆""沸"之类表明火热程度的字，广告位话题则标注"荐"字，以示区别（图1-33）。

1.5.6 直播广告

直播广告是指直播销售员（俗称"主播"）采用视频形式在PC端及移动端上，为企业和商家达到品牌推广或产品销售的目的进行营销的广告。直播广告是电视购物广告的移植版本。与电视购物广告相比，直播广告是新媒体广告人员在不同的时代背景下，借用不同的传播工具进行的同样表达，二者本质和逻辑是一样的，即都是竭尽全力与观众沟通，在特定的环境中展示产品的卖点，以达到成交的目的。不同的是，传统电视购物节目中，主播与观众很难即时互动，传播与购买行为分置，销售转化率不及网络直播。

1.5.7 音频广告

▲ 图1-33 微博热搜广告

音频广告是广播广告在互联网时代的演进。音频形式的新媒体广告主要以声音传递信息，音频主要出现在"喜马拉雅""蜻蜓FM""荔枝"等音频内容平台。大部分音频广告在主体内容的开始、中间或结束位置被插入。对于热衷听音频的人群来说，音频广告具有较大的影响力。如图1-34所示为喜马拉雅的音频播放界面，图1-35为广告弹窗界面。

1.5.8 社群广告

未来无论是自媒体、微营销或者直播带货，将慢慢步入社群商业的时代。社群里群体成员需以一定纽带联系起来，成员之间有共同目标和持续的相互交往，群体成员有共同的群体意识和规范。社群是互联网时代主流的人文特征，随着移动互联网经济的崛起，社群思维成为打开网络消费商业生态的金钥匙。其实，豆瓣、QQ空间、微博等社交平台早已蕴含社群经济的理念，只是早期的社群经济以兴趣为中心，组织结构形式松散，以精神层面的社群模式为主导；移动互联网时代，智能手机和App降低了人与人之间的沟通连接成本，使社

▶ 图 1-34　喜马拉雅音频播放界面　　▶ 图 1-35　喜马拉雅广告弹窗

群经济+电子商务创造出了更多商业生态，如微信朋友圈的社群广告、小米手环的微信营销、"罗辑思维"的聚合推广等（图1-36）。

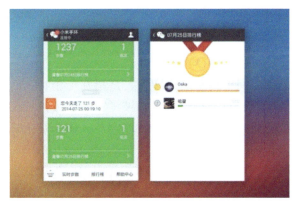 

▶ 图 1-36　社群推广广告

1.5.9 元宇宙广告

元宇宙广告即元宇宙平台上展示的广告。随着元宇宙技术的发展和推广，未来可能会出现更多的元宇宙广告形式和模式，比如在虚拟世界中插入的产品广告、品牌游戏、虚拟商品等，如图1-37。虚拟现实广告可应用于多种场景，例如在线购物、游戏推广、旅游体验、教育和培训等领域。未来的元宇宙广告将是数字营销领域的一个重要组成部分，但具体模式和效果有待未来的发展观察。

▲ 图1-37　元宇宙场景广告

思考与练习

1. 你记得哪些门户网站？
2. 哪些广告更适合在搜索引擎上投放？
3. 移动App广告有哪些展现形式？
4. 音频广告和社群广告的受众群体有哪些？

1.6　新媒体广告投放的计费模式

1.6.1　按浏览量计费

广告浏览量（Advertising Views，AV），也称为网页浏览量或印象，是指在一个特定时间内用户通过广告访问该网页的次数。按浏览量计费，是指按照该广告被浏览的次数付费。一般而言，评估广告浏览量的指标为每千人印象成本（Cost Per Mille，CPM）。CPM是指每千人浏览广告的成本，即以广告被播映1000次为基准收费，如广告主购买20个CPM，意味着所投放的广告可以被播映20000次。以这种方式计算广告费用的模式，被称为CPM广告计费模式。Banner，即网页上的横幅广告，通常会采用CPM广告计费模式。

CPM广告计费模式是目前比较流行的新媒体广告投放模式之一，可以有效地增加广告的曝光率。这种模式既有优点，也有缺点。

1.6.1.1　CPM广告计费模式的优点

（1）呈现方式灵活。采取CPM广告计费模式收费的新媒体平台，往往能够提供富媒体广告，广告形式包括音频、视频等。与传统的横幅广告或面板广告相比，在新媒体平台上投放的广告更能为浏览者带来高层次的视觉感受。

（2）便于广告主控制广告内容。品牌意识强的广告主采用CPM广告计费模式，能够保证其对广告内容保有最大的控制权。

（3）便于对广告进行数据分析。用CPM广告计费模式投放广告，将广告的浏览量与广告费用挂钩，能够非常直观地展示广告的浏览量及相关数据。

1.6.1.2 CPM广告计费模式的缺点

（1）投放效果无法保证。由于CPM广告计费模式按浏览量付费，那么广告投放平台有可能提供低质量的展示内容，换言之，就是不顾及展示效果，刻意追求浏览量。

（2）投放成本较高。CPM广告计费模式不以最后的转化率为付费依据，新媒体广告人员使用这种投放广告的计费模式来获取用户，会比使用其他广告投放计费模式的成本高。

在选择CPM广告计费模式投放新媒体广告时，新媒体广告人员需要综合分析这种模式的优点和缺点，根据投放的平台特点判断是否采用这种模式。

1.6.2 按点击量计费

点击量（Click Rate），指某一时间段内某个或者某些关键词广告被点击的次数，是针对网络广告推广等被点击的一种新的量词。依据用户点击量付费的广告计费方式称作按点击量计费（Cost Per Click，CPC）方式。

用户在一些网站上浏览新闻、阅读小说或观看视频时，网站界面可能会穿插一些关于游戏、商品的图片或视频。一旦用户对这些图片或视频产生了兴趣，在好奇心的驱使下点击进入时，用户的这一行为就会被网站记录为点击了一次该广告，广告主就需要为这一次点击付费。上述场景是使用CPC广告计费模式计算广告费用的典型场景，用户只要发生了点击行为，无论点击该广告的用户是否下载了该游戏或购买了该商品，广告主都需要向媒体平台付费。

CPC广告计费模式具有两大显著特性，第一个特性是具有很强的可分析性，第二个特性是具有极大的不确定性。

1.6.2.1 可分析性

CPC广告计费模式在检测用户质量和分析用户行为方面具有一定的优势，这种模式可以让新媒体广告人员更好地分析用户点击或不点击广告的原因，为新媒体广告人员提供有价值的洞见性分析依据。该模式提供的数据具有一定的前瞻性，能够为新媒体广告人员的广告内容制作提供指导。

在实际运用中，典型的采用CPC广告计费模式的新媒体广告就是搜索引擎网站的竞价排名广告。例如，百度的竞价排名广告是指广告主通过竞拍价格，使自己的推广信息出现在百度搜索结果中靠前位置的一种广告形式；如果其广告没有被用户点击，百度则不收取推广费用。

1.6.2.2 不确定性

CPC广告计费模式的不确定性主要表现在投放效果和投放对象上。

（1）投放效果不确定。广告投放之后会吸引部分对该广告内容感兴趣的用户点击，其中一些用户会进行后续消费，但有些用户不会。对于广告主来说，用户看到广告点击进入并进行了后续消费，才能算为一次有效广告。所以，如果广告点击量很高但转化率非常低，则意味着广告主的这次广告投放是失败的。

另外，使用这一模式计算广告费用，广告主还需要承担网站在网页上发布诱导广告引诱浏览者点击，甚至是通过程序模拟人工点击导致数据真实性受损的风险。

（2）投放对象不确定。投放对象不确定是大部分互联网广告的共性，但CPC广告计费模式在这一点上尤其明显。

1.6.3 按投放效果计费

判断广告投放效果的指标通常为每行动成本（Cost Per Action，CPA），即按照用户在看到广告之后产生的行动计费，不按照广告的投放量计费。

衡量广告是否达到了效果，通常从以下3个指标入手（图1-38）。

CPA广告计费模式对广告主来说，充分保障了自身的利益。它有效地解决了长期困扰新媒体广告人员的广告欺诈、广告浪费问题，为广告主节约了大量的市场推广成本，提高了广告投放的投资回报率，且满足了广告主将宣传有效地转化成业务的迫切需求，真正具备了网络精准营销的特质。

▶ 图1-38　衡量广告是否达到效果的指标

CPA广告计费模式在发展过程中，又衍生出一些更为具体的以投放效果为计费标准的广告计费模式（表1-4）。

表1-4　具体的以投放效果为计费标准的广告计费模式

广告计费模式	定义	特点
CPS（Cost Per Sale）	以实际销售产品数量来换算广告费用	这种模式比CPA广告计费模式更先进，使广告承接平台要承担更多责任，既要对广告作品负责，又要对消费者购买行为负责
CPR（Cost Per Response）	以浏览者的每一个回应计费	这种广告计费模式充分体现了新媒体广告"及时反应、直接互动、准确记录"的特点，但这种广告模式属于辅助销售的模式，广告承接平台拿到广告费的概率比较小
CP（Cost Per Purchase）	用户点击广告并发生在线交易后，按销售笔数计费	广告主要求用户发生点击行为并进一步达成交易，才向广告承接平台付费

广告承接平台以CPA广告计费模式来承接广告是有风险的，原因在于广告被点击后是否会触发用户的后续消费行为，决定性因素不在于网站，而在于被宣传的产品是否足够吸引人。例如，用户对该产品是否具有购买需求、该产品的性价比是否具有优势等。另外，企业的信誉程度及用户对网上消费的接受程度也影响着用户的购买行为。

总之，虽然CPA广告计费模式对于广告承接平台来说具有一定的风险，但若广告投放成功，其收益比其他广告计费模式高。

思考与练习

1. 什么样的广告适合CPM广告计费模式？
2. 使用CPC广告计费模式可能具有哪些风险？
3. 对于广告主来说，CPA广告计费模式具有哪些优势？

第 2 章

新媒体广告之门户网站广告

门户网站概述

门户网站广告概述

门户网站广告的设计运营

门户网站广告的投放策略

本章习题

学习目标

2.1　门户网站概述

2.2　门户网站广告概述

2.3　门户网站广告的设计运营

2.4　门户网站广告的投放策略

2.5　门户网站广告设计运营项目实训：联通5G[1]

相较于传统媒体，门户网站广告的互动性更强、传播范围更广、受众数量易统计、成本较低、不受时空限制、内容更翔实、传播形式更灵活多样。经过十多年的发展，门户网站在广告经营方面积累了一定的品牌优势。本章主要讲解门户网站与广告传播、网站新媒体的特征及网站新媒体广告的表现形态、价值、运作方式等知识。

2.1 门户网站概述

门户网站是指提供某类综合性互联网信息资源并提供有关信息服务的应用系统。门户网站对于广告主而言是一个能够获得好的广告效果的平台,特别是其延展性和广告形态的多元性使门户网站广告日益受到广告主的青睐。在新媒体时代,各大门户网站在广告运作上不断创新,也使门户网站的广告传播效果得到了进一步提升。

2.1.1 门户网站的基本概念

门户网站(Portal)的概念最早来源于互联网商业模式中的ICP(internet content provider),也就是网络内容供应商,指在互联网上从事信息收集、信息加工然后对其用户或访问者进行信息发布的公司。由于国内刚刚出现CP(内容提供者)这个名称的时候,网络业务的形式还比较少,业界以及媒体在定义CP时采用的是排除法,在清楚定义ISP,即网络接入服务提供商的基础上,将服务提供商之外的从事其他网络服务的公司统称为ICP。

1997~1998年,网易、搜狐、新浪相继成立,走进了公众视野。这些门户网站公司的出现,为我国互联网和新媒体事业的发展奠定了基础。

1998~2002年,互联网诞生之初,网络上的信息多如牛毛,且没有被分类,大多数网民面对这些信息感到无从下手。此时,雅虎这种以提供搜索服务为主的网站扮演了引导网民入门的角色,成为网民进入互联网的门户。

这种能使人们更方便地浏览信息、接收电子邮件和搜索内容,享受一次性完成或一步到位的便捷式信息网站,被称为门户网站。它包括广义和狭义两种含义。广义的门户网站是一个应用框架,它将各种应用系统、数据资源和互联网资源集成到一个信息管理平台,并向用户提供统一的界面,使用户可以快速地建立与客户、内部员工和用户之间的信息通道,使用户能够传送存储在内部和外部的各种信息。狭义的门户网站是指通向某类综合性互联网信息资源并提供有关信息服务的应用系统。门户网站最初提供搜索引擎和网络接入服务,后来由于市场竞争日益激烈,门户网站不得不快速地拓展各种新的业务类型,以此来吸引和留住用户,成为网络世界的"百货商场"或"网络超市"。国际门户网站有雅虎等,我国门户网站有新浪、网易、搜狐、腾讯、百度、人民网、凤凰网等。对于广大用户来说,门户网站的基本功能如图2-1所示。

当移动互联网不发达时,人们需要通过计算机浏览门户网站。随着移动互联网的发展,人们对个人计算机(PC)的依赖程度降低,

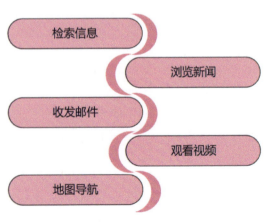

▶ 图2-1 门户网站的基本功能

门户网站也开始往移动端发展，衍生出在手机浏览器上可浏览的微网站和专门的移动App两种形式。总之，用户可以通过PC端网页、微网站和移动App这三大途径来浏览搜狐门户网站（如图2-2）。

▲ 图2-2　浏览搜狐门户网站的途径

2.1.2　门户网站的类型

门户网站在发展过程中，逐渐演变出综合性门户网站、垂直性门户网站、地方性门户网站、企业官网和导航门户五大类型（表2-1）。

表2-1　门户网站的五大类型

类型	定义	代表网站
综合性门户网站	提供各类互联网资讯和服务的网站	新浪、搜狐、人民网、新华网
垂直性门户网站	专注于某个领域提供资讯和服务的网站	东方财富网、汽车之家、中关村在线
地方性门户网站	专注于某个地域提供资讯和服务的网站	上海热线、杭州19楼、深圳之窗
企业官网	让外界了解企业信息，帮助企业树立良好企业形象并适当提供一定服务的企业官方网络平台	华为官网、小米官网、联想官网
导航门户	集合较多网址，并按照一定条件分类，为用户提供便捷访问通道的网站，包括垂直导航门户和搜索导航门户	hao123、搜狗网址导航、360导航、2345网址导航

2.1.3　我国四大门户网站

网易、搜狐、新浪、腾讯并称为我国四大门户网站，几乎占领了我国整个门户网站的市场。

2.1.3.1　网易

1997年6月，网易成立。1998年3月16日，国内第一个全中文免费电子邮箱开通。一经面世，163电子邮箱就在互联网上刮起了一阵旋风，仅仅半年多的时间，其用户数量就达到了30万人。此时，门户网站热潮席卷我国，网易开始转向门户网站模式，公司战略也从"系统集成商"正式转向"互联网服务提供商"（图2-3）。

▲ 图2-3　网易首页

在网易上，用户不仅可以浏览信息，还可以参与虚拟社区、个人主页建设、聊天室和拍卖会，这使得网易成为个性色彩浓烈的门户网站，在门户网站界站稳了脚跟。

2.1.3.2 搜狐

1998年，被很多人称为"门户网站元年"，搜狐也在这一年走入公众视野。同年9月15日，搜狐进行了改版，成为我国互联网门户网站的领航者。当时搜狐叫"爱特信"，作为一家不大的互联网公司，既要兼顾技术服务，又要进行一手原创内容输出显然并不现实。恰好此时我国的其他网站也开始崛起。例如，在北京颇具影响力的"东方网景""瑞德在线"等，搜狐试着将这些网站的内容以链接的方式列在自己网站的栏目里，没想到很多用户通过这种方式点击了链接。自此，搜狐开始全力投入，对门户网站上的信息进行分类，成为我国第一家大型分类查询搜索网站。

▲ 图2-4　搜狐标志

随后，搜狐提出"美国人用Yahoo!，中国人用搜狐"的口号。搜狐的标志是一条灵动的红色狐狸尾巴，该标志跃入了越来越多用户的视野（图2-4）。

目前，搜狐的用户群体也十分广泛。Alexa网站排名查询的数据显示，2022年第27周~2022年第33周，搜狐的预估日均PV都在25000万次以上。

2.1.3.3 新浪

1998年，新浪成立。新浪与网易、搜狐不同，它是由两个网站合并而来的，资本实力非常雄厚，其布局也覆盖全球，自身定位为"全球最大中文网站"（图2-5）。

新浪网站内容包括三个板块：新浪门户，微博和其他业务。收入主要来源于互联网广告和营销服务，其他包括收费服务产生的收入。新浪门户和微博提供展示类的品牌广告服务及诸如信息流形式的效果类广告服务。非广告业务收入包括在线支付业务、在线借贷服务、移动增值服务及微博增值服务，主要包括微博游戏、微博会员及授权服务等。

▲ 图2-5　新浪网页面

2.1.3.4 腾讯

腾讯成立于1998年11月11日，但当时腾讯的主要精力放在运营即时通信软件"OICQ"上，这个软件后来发展为大众熟知的社交软件"QQ"（图2-6）。

2003年11月21日，腾讯推出了同名门户网站——腾讯网。腾讯网集新闻信息、区域垂直生活服务、社会化媒体资讯和产品于一体，设立了新闻、科技、财经、娱乐、体育、汽车、时尚等多个频道，满足用户对不同类型资讯的需求。

▲ 图2-6　腾讯网页面

思考与练习

1. 广义和狭义的门户网站各指什么？
2. 我国四大门户网站是哪四个？

2.2 门户网站广告概述

门户网站广告是指新媒体广告者将文字、图片、视频等广告信息，放置在网站的特定位置予以展示，以达到营销、推广的目的的广告。

2.2.1 门户网站广告的类型

门户网站有PC端、移动App、微网站三大端口，新媒体广告人员选择的投放端口不同，广告的类型也有所不同。PC端门户网站特有广告类型主要有8种，移动端门户网站特有广告类型主要有5种，PC端和移动端均能投放的广告类型主要有2种（图2-7）。

2.2.1.1 PC端门户网站特有广告

（1）按钮广告。按钮广告即图标广告，主要用来宣传商标或品牌等特定标志。按钮广告的面积比较小，版面位置安排具有弹性，可根据广告主自身需要进行选择。按钮广告能提供简单明确的资讯，可以放在相关的产品内容旁边（图2-8）。

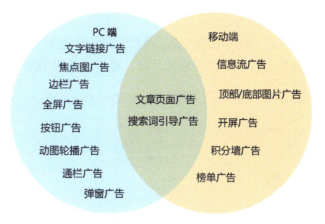

▶ 图2-7 门户网站广告的类型

（2）焦点图广告。焦点图广告（图2-8）是一种网站内容的展现形式，可简单理解为一张图片或多张图片在网页的明显位置上展示，成为吸引用户目光的焦点。焦点图通常以图片组合播放的形式播放广告。

（3）弹窗广告。网站用户浏览网页时，自动弹出的广告称为弹窗广告（图2-8）。弹窗广告的窗口会随着网页的开启自动弹出。弹窗广告会遮挡一部分网页内容，要想阅读被遮挡的部分，需要关闭弹窗广告。

▶ 图2-8 按钮广告、焦点图广告和弹窗广告

（4）全屏广告。全屏广告是指打开网页时出现的较大尺寸图形的网络广告。这类广告一般不能被屏蔽且视觉冲击力强，容易引起用户注意。这类广告一般只在频道首页投放，投放时长多为3~5秒（图2-9）。

（5）通栏广告。通栏广告是一种常见的图片形式的新媒体广告，其展示区在搜索结果列表的上方，尺寸较大，可展示较多广告内容。通栏广告可变换但不可关闭，展示效果较好（图2-10）。

▲ 图2-9　全屏广告

（6）边栏广告。边栏广告与通栏广告类似，但位置不同，边栏广告位于门户网站页面中的侧边，通常以图片形式展现，可点击进入（图2-11）。

（7）文字链接广告。文字链接广告是指通过一般性的简短文字链接，直接跳转到广告内容页面的广告。这种广告简单明了，直指主题，对用户而言具有较强的针对性和引导性（图2-11）。

▲ 图2-10　通栏广告

（8）动图轮播广告。动图轮播广告是指在门户网站中以动态图片形式轮番播出的广告。这种广告以动态图的形式呈现，能够迅速吸引用户的注意（图2-12）。

▲ 图2-11　边栏广告和文字链接广告

▲ 图2-12　动图轮播广告

2.2.1.2　移动端门户网站特有广告

（1）开屏广告。开屏广告是指移动端软件打开时，会自动弹出的一个占满屏幕的广告。开屏广告采用图片或动态图的展现形式，具有很强的视觉冲击力，能够迅速抓住用户的眼球，吸引用户的注意力。开屏广告仅在软件启动时展现，一般情况下，同一用户不会频繁启动同一软件，所以开屏广告能够覆盖更多独立用户（图2-13）。

（2）信息流广告。信息流广告在社交平台上较为常见，狭义上是指出现在社交媒体用户好友动态中的广告，但除社交媒体之外，其他媒体平台上与产品功能混排在一起的原生广告，也是信息流广告。如在门户网

▲ 图2-13　开屏广告

站的移动App上，用户浏览新闻时，经常会看到与新闻混排在一起的广告（图2-14）。

（3）顶部/底部图片广告。在门户网站的移动App中，图片广告通常位于文章内容的顶部或底部。当用户打开文章或浏览完文章时，会不自觉地被位于顶部或底部的广告吸引（图2-15）。

▲ 图2-14　信息流广告

▲ 图2-15　网页底部广告

（4）积分墙广告。积分墙是在一个软件内展示各种积分任务，以供用户完成任务获得积分的页面。积分墙广告是指通过积分墙进行宣传的广告（图2-16）。例如，用户要想完整获取一则信息，必须完成积分墙中推荐的任务，如下载安装其他软件。

（5）榜单广告。榜单广告是指某些在门户网站的移动App上以榜单形式存在的文章。这类文章将一些信息汇总做成榜单，通过展示榜单，间接宣传榜单上的事物。如图2-17所示为搜狐新闻上的榜单广告，该文章利用电影票房榜单间接地对电影《满江红》进行了宣传。

▲ 图2-16　积分墙广告

▲ 图2-17　榜单广告

2.2.1.3　PC端和移动端均能投放的门户网站广告

（1）文章页面广告。通俗地说，文章页面广告就是"软文"，即文字广告。软文的精妙之处在于"软"，文章的内容与广告信息巧妙融合，既达到了广告宣传的目的，又不会让用户反感。软文可以精准地吸引目标用户。例如，专门提供IT业界和数码产品资讯的泛科技媒体平台IT之家发布过一篇文章《从5W到120W，从7.5W到50W：小米充电十年发展汇总》，就是以科普的形式变相宣传了小米手机强大的充电功能（图2-18）。

（2）搜索词引导广告。搜索词引导广告是指用户在门户网站上搜索某一关键词时出现的广告。在这些广告中，有些是引导人们

▲ 图2-18　文章页面广告

阅读的。例如，在搜狐新闻上搜索"玛莎拉蒂"，除了会出现与玛莎拉蒂跑车相关的新闻，还会出现关于玛莎拉蒂跑车的话题讨论页面，在这个页面中，几乎都是针对玛莎拉蒂爱好者投放的广告（图2-19）。

2.2.2 门户网站广告的特点

2.2.2.1 广告与网站定位契合

门户网站广告通常与网站定位更为契合，尤其是垂直性门户网站，如财经证券门户网站——东方财富网。通常情况下，用户只有对财经类信息感兴趣，才会选择浏览它。图2-20所示为天天基金网的广告，将该广告投放在东方财富网上比投放在其他网站上，更容易获得用户点击。

▲ 图2-19 搜索词引导广告

2.2.2.2 信息容量大

打开一个门户网站，映入眼帘的除了各种各样的新闻之外，还有五花八门的广告。这些广告无处不在，占据了大量页面，承载着巨大的信息量。另外，这些门户网站广告几乎都能设置超链接，用户点击广告之后，就会跳转到包含更多信息的广告主的落地页，使用户了解更多广告主的产品及服务，让用户留下印象。例如，打开网易官网，能够看到移动客户端的推荐广告；点开网易新闻，就会跳转到网易新闻客户端的下载页面（图2-21）。

▲ 图2-20 天天基金网的广告

2.2.2.3 传播效果集中

从门户网站的结构来看，"首页"的传播效果最佳。大多数用户通常只会浏览"首页"上的资讯等内容，不会深入挖掘网站"内页"的信息。因此，广告主在门户网站上投放广告时，通常会选择门户网站"首页"的位置。

此外，门户网站可以在特定板块放置与该板块信息相匹配的广告。例如，在汽车板块可以投放4S店广告，或汽车保险等与汽车有关的广告。这种广告投放方式会比广泛地投放广告更加精准，传播效果更为集中。

▲ 图2-21 网易新闻客户端下载页面

思考与练习

1. PC端门户网站的广告类型有哪些？
2. 门户网站运作的三大特点是什么？

2.3 门户网站广告的设计运营

门户网站广告有其独特的运作机制,它的运作涉及广告多角关系的互动,包括网站平台广告投放形式和路径的选择及广告投放效果评估等。

2.3.1 门户网站视角下的广告价值

从门户网站的视角来看,广告在以下几个方面具有重要的价值。

2.3.1.1 经济收入

门户网站作为一个商业化平台,广告是其主要的经济来源之一。广告投放可以帮助门户网站获得广告费用,支持网站的运营和发展。通过与广告客户的合作,门户网站能够提供广告展示、点击或转化等方式的定价模式,从而获得广告收入。

2.3.1.2 用户体验改善

尽管广告在门户网站中存在,但适度的广告投放可以帮助网站保持免费或低费用的服务模式,从而使更多的用户能够获得高质量的内容和功能。广告的收入可以用于改进网站的技术设施、内容提供和用户体验,提供更好的服务。

2.3.1.3 信息传递和推广

门户网站作为信息传播的重要渠道,广告可以帮助企业和品牌传递它们的信息和宣传。通过广告投放,企业可以将产品、服务或品牌推广给门户网站的广大用户群体,扩大知名度,增加销售机会。

2.3.1.4 目标受众定位

门户网站通常拥有大量的用户数据和用户行为分析,这使得广告投放能够更加精准地定位到目标受众。通过分析用户的兴趣、偏好和行为,门户网站可以为广告主提供更精准的广告投放策略,提高广告效果和转化率。

2.3.1.5 合作伙伴关系

广告投放可以帮助门户网站与广告客户建立紧密的合作伙伴关系。通过与广告客户的合作,门户网站可以共同开发创新的广告形式和营销策略,提供定制化的广告解决方案,增强双方的竞争力和市场份额。

综上所述,从门户网站的视角来看,广告在经济收入、用户体验改善、信息传递和推广、目标受众定位以及合作伙伴关系等方面具有重要的价值。合理和有效地管理和运营广告,能够实现门户网站的商业目标,并为广告客户和用户带来双赢的效果。2022年中国互联网广告市场规模预计约为5088亿元人民币,较2021年下降6.38%,市场规模近七年首次实现出现负增长。2022年中国互联网营销市场规模预计约为6150亿元人民币,较上年下降0.37%,广告与营销市场规模合计约为11238亿元，较上年下降3.19%。从广告形式收入占比情况看，电商广告的市场规模与市场份额与2021年基本持平，展示类广告连续两年出现下滑，并且2022年的下滑趋势进一步扩大至13%，市场份额也进一步下跌至26.54%；搜索类广告出现近年来最大下滑趋势，市场规模较上年下滑20%，市场占比则连续四年下滑至10.13%；视频类广告是2022年唯一出现逆势增长的品类，市场占比由2021年的20.39%继续上升至22.19%，具体来看，是视频信息流广告的火爆带动了整体视频类广告的增长，其市场规模从2021年的775.64亿元增加至851.17亿元，增速达10%（图2-22）。

▲ 图2-22　2017～2022年中国市场互联网广告总体收入情况

2.3.2　广告主视角下的广告价值

从广告主的视角来看，广告具有以下几个重要的价值。

2.3.2.1　品牌宣传和知名度提升

广告是品牌宣传的重要手段之一。通过广告投放，广告主可以向目标受众传达品牌的核心理念、产品特点和独特价值，从而提升品牌的知名度和认知度。广告通过不断的曝光和有效的传播，帮助广告主在竞争激烈的市场中建立起强大的品牌形象。

2.3.2.2　目标受众吸引和转化

广告能够帮助广告主吸引潜在客户，并促使他们采取行动。通过精准的广告投放和定位策略，广告主能够将广告展示给感兴趣的目标受众，引导他们了解和购买产品或服务。广告的目标是将潜在客户转化为实际的消费者，从而实现销售增长和业务目标。

2.3.2.3　市场份额增长和竞争优势

通过广告投放，广告主能够在市场中增加品牌的曝光度和市场份额。有效的广告策略和创意能够吸引目标受众的注意力，与竞争对手区分开来，并建立竞争优势。通过在广告中强调产品的独特卖点和优势，广告主可以吸引更多的消费者选择自己的产品，实现市场份额的增长。

2.3.2.4　消费者关系建立和品牌忠诚度提升

广告可以帮助广告主与消费者建立长期的关系，并提升品牌的忠诚度。通过持续的广告投放和沟通，广告主可以与消费者保持联系，传递品牌的价值观和文化，建立信任和情感连接。广告的目标是建立积极的消费者体验，促使消费者成为品牌的忠实支持者，并实现重复购买和口碑传播。

2.3.2.5 市场调研和数据收集

广告投放过程中产生的数据和反馈信息对广告主具有重要价值。通过广告投放平台的数据分析和市场调研,广告主可以了解目标受众的偏好、需求和反应,从而优化广告策略和产品定位。广告数据的收集和分析可以为广告主提供有价值的市场洞察,指导业务决策和产品创新。

2.3.3 门户网站广告运营的特点

在新媒体时代,门户网站广告在运作上呈现出三个共同特点,即细分化、规范化、精准化。这些特点决定了门户网站广告投放的规模和方向。

2.3.3.1 细分化

主要体现在门户网站首先结合自身特点对网民进行细分,然后根据细分情况制作不同类型的栏目板块,再通过对内容、广告形式的细分来选择产品和品牌进行广告投放。整个门户网站广告的制作流程都呈现出细分化的特点。

表2-2 搜狐关于其门户网站广告的规范

项目	具体规定
广告声音	(1)除多媒体视窗和视频广告外,所有广告不得带有声音 (2)广告文件中加入的声音不得循环播放,不得加有令网民反感的声音或音乐 (3)搜狐保留在接到网民投诉的情况下删除广告中声音的权力
创意元素	(1)所有广告设计中不得加入影响网民感受的元素(如类似电脑中毒的创意)或虚假元素(如背投广告中的假关闭按钮) (2)若广告创意中加入此类元素,搜狐有权不予投放
屏位大小	屏位的划分以1024×768分辨率为准
广告形式	(1)一个广告只能有一个链接 (2)所有频道广告形式不能拆为零散区域或几个客户共同投放,如有上述需求,必须通过搜狐客服部门批准 (3)所有非常规的特殊广告形式,需提前一周提供设计小样或设计元素

2.3.3.2 规范化

规范化建立在细分化的基础之上,对各个栏目和各种广告形式进行标准化的内容生产和价格制订,并且在广告的具体操作上有比较规范的要求,对门户网站的广告进行严格把关(表2-2)。

2.3.3.3 精细化

由于互联网信息的日益复杂,用户群体也在不断扩大,门户网站都想方设法地通过内容生产抓取最有价值的用户群。随着网络技术的不断发展,现在已经能够实现按IP地址,根据用户搜索习惯精准推送广告。例如,张女士因为怀孕曾在网站上搜索过关于婴儿的信息,之后当她再登录网站时就会发现很多关于奶粉的广告以及婴儿服装的广告。门户网站日益成熟,并且呈现出垂直化发展的趋势。很多人都在质疑门户网站的广告地位,这些质疑主要源自另一种媒体——智能手机的风靡。就像当初互联网时代刚刚来临时人们担心电视广告的式微,现在智能手机的出现让人们对门户网站广告也产生了类似的担忧。种种迹象显示,目前门户网站广告仍然占有非常重要的地位,仍有很强的生命力。

2.3.4 门户网站广告运作的趋势

2.3.4.1 品牌竞争成为新常态

品牌就是竞争力。近年来,门户网站把品牌竞争当作制胜的法宝,纷纷加大品牌营销的力度。通过线上、线下两条线提高品牌知名度和美誉度,实现品牌、内容和渠道传播效应的全面整

2.3.4.2 开发新广告客户资源

门户网站经营管理的关键要素是客户资源的优化和利用。通过品牌的力量留住老客户,保持门户网站的黏性,进而打牢门户网站发展的基础。通过渠道建设和管理创新开发新客户,使门户网站保持可持续发展的活力和创新动力,增强门户网站的长期竞争优势。近年来,综合型门户网站和专业型门户网站均受到广告主的欢迎,国内各大门户网站上广告主的广告收入也呈迎逐年上涨的趋势,涉及食品、服装、旅游、电子科技、网络游戏等领域。如何通过新媒体环境下的渠道建设和创新管理来提升服务质量成为开发新广告客户资源的关键。

2.3.4.3 创新广告表现形式

经过多年的开发和建设,专业门户网站的广告形态相对稳定且已形成较稳固的市场份额。门户网站上较为成熟的按钮广告、通栏广告、全屏广告、对联广告、画中画、摩天楼广告、弹出窗口等都有较为稳定的客户源。如何通过资源整合和技术创新,打破常规的思维模式,以广告新业态为支撑创新门户网站的广告表现形式,扩大广告客户来源,成为门户网站不断努力的方向。

2.3.4.4 加强运营团队的建设

门户网站的运营需要一个稳定且结构合理的运营团队,通过团队的力量不断优化平台运营机制,整合平台的优质资源,为用户提供优质服务。网站组织结构的调整立足于门户网站的核心竞争力提升,无论是领导者的选拔、组织架构的搭建,还是运营团队的内部分工协作,都应围绕这一中心进行。提高门户网站的核心竞争力是门户网站团队建设的关键,也是门户网站在新媒体环境中应重点建设的内容。

思考与练习

1. 门户网站的广告类型有哪些?
2. 门户网站的运作特点是什么?
3. 门户网站运作存在的问题有哪些?你认为要怎么解决?

2.4 门户网站广告的投放策略

艾瑞咨询发布的《2013~2022年中国门户广告市场规模及预测》的数据显示,我国门户网站广告市场规模呈现逐年增长的趋势。2018年是门户网站广告市场规模涨幅最大的一年,其市场规模达到418.5亿元。2022年,我国门户广告市场规模达到526.9亿元。

由此可见,门户网站依旧是广告主较为青睐的广告投放平台。了解并掌握门户网站广告投放策略,是成为合格新媒体广告人员的必备能力之一。特别要说明的是,门户网站广告投放策略和效果评估的基本逻辑，其实也可以用于其他类型新媒体广告投放，本书重点以门户网站广告为案例做说明。

2.4.1 门户网站广告投放步骤

2.4.1.1 第一步：背景调查

背景调查可以从3个方面展开，一是对广告主进行调查，二是对门户网站进行调查，三是对自身实力进行分析（图2-23）。

背景调查可以帮助新媒体广告人员了解广告主的真实需求，以便为广告主找到合适的广告投放渠道。假设广告主拟订的广告预算为3万元，但在A门户网站上投放一则广告的价格为5万元，那么该广告主的广告显然不适合投放在A门户网站上。

▲ 图 2-23 背景调查目标

2.4.1.2 第二步：设定目标

广告目标的设定必须与企业的市场定位、目标市场的选择，以及企业的市场营销组合策略相适应。

按照用户对广告信息接收理解的过程，广告目标通常分为五个层次，可以用"广告目标金字塔"阐释（图2-24）。

（1）第一层目标：知晓。投放广告的首要任务，也是最基本的目标，是让用户产生知晓行为。知晓行为也叫"品牌认知"，是指让原本对本品牌或产品没有任何了解的用户，通过广告认识公司、产品或服务。

要达成这一目标，需要打造品牌或产品的知名度，将品牌放在突出的位置，让用户在选择相关产品时，下意识地联想到该品牌的产品。例如，在搜狐网随处可见"淘宝网"三个字，这就是淘宝网在用户面前不断展示自我品牌、提高知名度的表现（图2-25）。

（2）第二层目标：理解。理解，是指在用户已经知晓该品牌的基础上，让用户了解该品牌的更多信息，如产品的作用、特点等。对于一些比较复杂的产品，用户要在理解的基础上进行联想，才能加深记忆。图2-26所示为章丘铁锅在搜

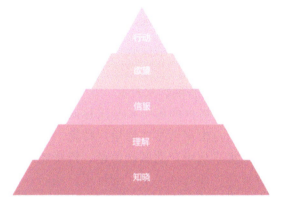

▲ 图 2-24 广告目标金字塔

▲ 图 2-25 淘宝年货节广告

▲ 图 2-26 章丘铁锅在搜狐网上的广告

狐网上的广告。该广告突出了章丘铁锅无涂层、超耐磨的特点，便于用户理解和记忆。

（3）第三层目标：信服。当用户对品牌或产品已经有了大致了解时，需要让用户对品牌或产品产生信任感。此时投放广告的目标是让用户具有明确的倾向性，能够在众多品牌中选择本品牌的产品。想要达到这一效果，投放的广告需要进一步表达品牌想要传达的信息。例如，选择形象更好、更具代表性的代言人，让用户更了解品牌的价值观等。

（4）第四层目标：欲望。在用户信服一个品牌或产品之后，还需要让其产生购买该产品的欲望。此时，新媒体广告人员需要了解用户需求，勾起用户的消费欲望。例如，用户对某品牌的牛奶建立了信任，认为该品牌的牛奶品质有保障，但还没有迫切的购买动机。此时，新媒体广告人员可以将牛奶定位成能够帮助孩子和老人补钙的产品，使有孩子或老人的家庭产生购买动机。

（5）第五层目标：行动。行动是指用户经过综合考量后产生购买行为。这是广告投放的最终目标。例如上文中用户在看到牛奶产品的广告后，想起自己家中孩子或老人需要补钙，随即下单购买了该款牛奶，这就是用户经过综合考量后产生的购买行为。

值得注意的是，广告目标金字塔代表了广告效应的"认知—感觉—行动"模式，其成立的前提条件是用户都能理智地考虑购买行为。新媒体广告人员在设立门户网站广告投放目标时，如果遇到用户抢购产品或用户以非理智的心态购买产品的情况，不必按照广告目标金字塔设立目标。

随着信息传播手段和市场背景的变化，利用广告目标金字塔设立广告投放目标，也不再能够代表所有用户的消费心理，具体方式要随着时代的发展进行调整。

2.4.1.3 第三步：明确用户

广告用户是指接收广告信息的用户，包括通过媒体接触广告信息的人群和广告主的目标用户，即广告的诉求对象。

明确用户的第一步是用户调研，获取基础数据，再根据数据提炼用户特征。新媒体广告人员可以从用户的基础信息、消费能力、行为特征和兴趣特征入手，进行用户调研，明确广告用户。用户调研的四个维度如图2-27所示。

用户的基础信息与消费能力可以通过各种渠道统计分析得出，如用户的性别、年龄、婚姻关系、工资水平等。

▶图2-27 用户调研的四个维度

用户的行为特征可通过门户网站后台的大数据，对用户在门户网站上浏览的信息进行分析整理，观察在不同渠道来源、不同浏览环境下，用户更关注哪些板块的内容，以验证用户的行为特征。

用户的兴趣特征是依据前三类数据进行交叉分析后，对用户特征做出的假设。

通过确立这些信息，新媒体广告人员能够根据这些信息对本品牌或产品建立相对清晰的用户画像，再在门户网站上选择与该画像相匹配的板块投放广告，使广告投放的精准度得到有效提高。

2.4.1.4 第四步：把握痛点

"痛点"一词经常在销售领域出现，品牌营销专家马丁·林斯特龙在其著作《痛点》一书中，详细阐述了如何针对现实状况找到人们迫切需要解决的问题，并指出这些人们迫切需要解决的问题，就是所谓的"痛点"。例如，饲养宠物的家庭在宠物换毛季节时，家中会出现随处可见宠物毛发的情况。此时，如何处理宠物毛发就成为用户的痛点。

在门户网站广告投放中，也需要发掘用户的痛点，针对痛点制订相应的广告投放策略。想要把握用户的痛点，可以采取对立心理法。

对立心理法即利用用户错位心理，形成对立需求。例如，成绩不太理想的学生想要考上名牌大学、专业能力普通的职员想要升职加薪等，这些与现实不对等的心理往往会给用户带来急需解决的问题，为了解决这些问题，用户就会寻找解决方法。成绩不太理想的学生想考上名牌大学，可能会购买各种名师教辅资料，希望提高自己的成绩；专业能力普通的职员想要升职加薪，可能会学习相关课程，希望借此提升专业技能。

在现实生活中，常见的对立有4种（图2-28）。

▶图2-28　现实生活中常见的对立

新媒体广告人员抓住这些对立，并将其运用到门户网站广告的投放中，能够使广告投放效果更理想。

2.4.1.5　第五步：创新策划

创新策划主要是指广告创意。创意是广告的灵魂，一则广告具有创意是用户被打动的重要原因。广告本身的含义就是广而告之，意为"引起人们的注意"。广告创意的目的是在广告中有创造性地传达产品特性和品牌内涵，引导用户，促成其产生购买行为。门户网站广告创新的方式有3种，主要包括形式创新、卖点创新和策略创新（图2-29）。

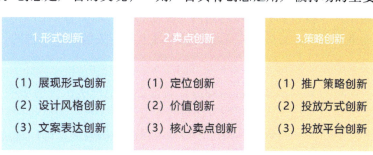

▶图2-29　三种创新方式

2.4.1.6　第六步：预算申请

广告预算（advertising budget）是企业广告计划对广告活动费用的匡算，也是企业投入广告活动资金费用的使用计划。它规定了在广告计划期内从事广告活动所需的经费总额、使用范围和使用方法，是企业广告活动得以顺利进行的保证。

对于企业而言，广告费用应该控制在合理范围之内，既不是越少越好，也不是多多益善。广告活动的规模和广告费用应当与企业的生产和流通规模相适应，在发展中求节约。因此，新媒体广告人员在进行门户网站广告投放之前，应当进行广告预算申请这一必不可少的环节。申请广告预算的具体步骤如下。

（1）确定本季度或本年度所有广告费用。新媒体广告人员分析企业的整体营销计划和企业所面临的市场环境之后，算出企业本季度或本年度所需广告费用。目前广告界采用的制订广告预算的方法有数十种，常见的有销售额百分比法、盈利百分比法、销售单位法等。

（2）分析上一时间段门户网站广告带来的销售额。在对下一时间段内的广告活动进行预算时，应先对门户网站广告上一时间段内带来的销售额进行分析，通过分析数据，预测下一时间段内门户网站广告带来的销售额。通过预测销售额，得到门户网站广告的大概利润。

（3）分析门户网站广告产品的销售周期。大部分产品在销售过程中都会呈现出一定的周期变化，即淡旺季销售差别。对销售周期的分析，可以为不同时间段内的广告投入提供依据，确定不同生命周期的广告预算分配。

（4）制订门户网站广告投入的控制与评价标准。这一步骤能够在每个环节清晰地对广告预算进行把控，确定投入的广告费用能够达到的效果。将制订的标准与广告效果的评价工作结合，可以对广告费用进行控制和评价。

（5）确定机动经费的投入条件、时机、效果。在广告预算中，除了标明固定开支，还需要对机动开支做出预算，以应对突发状况。在此过程中，需要确定机动经费的使用情况、机动经费与固定经费的比例等事项。

完成这些步骤之后，新媒体广告人员需要将具体预算数据上报给管理人员审核。

2.4.1.7 第七步：实施监测

影响门户网站广告投放效果的重要环节是监督广告活动的实施。门户网站广告的效果如何，需要监测相关数据并进行后期分析。一般主要监测广告的展示量、点击量、平均访问页数、地域分布等数据，根据这些数据对广告效果进行评价，判断广告投放是否到位。

值得注意的是，如果新媒体广告人员投放的门户网站广告在用户点击后，需要将用户引导至企业网站，要注意企业网站的运行是否稳定、是否能够支持大量用户的涌入。如果门户网站广告投放后，在短时间内有大量访客，而企业网站无法支持巨大的访客量，会出现网站崩溃的现象，导致用户无法浏览网站上的相关信息，广告的投放就失去了意义。

2.4.1.8 第八步：效果评估

广告效果是指广告活动或广告作品对用户所产生的影响。这种影响所包含的范围十分广泛，可以从狭义和广义两方面进行定义。

狭义的广告效果是指广告活动取得的经济效果，即广告达到既定目标的程度，通常是指通过广告取得的营销效果。评估一则门户网站广告营销效果的指标包括销售额（Cost for Per Sale，CPS）、引导数（Cost for Per Lead，CPL）、点击数（Cost for Per Click，CPC）等。

广义的广告效果除了经济效果外，还包括心理效果和社会效果。心理效果指广告对用户心理认知、情感和意志的影响程度，是广告的传播功能、经济功能、教育功能、社会功能等的集中体现。社会效果是指广告对社会道德、文化教育、伦理、环境的影响。良好的社会效果也能给企业带来良好的经济效益。

参考马斯洛的需求理论，可以将广告效果划分为以下三个层次：第一层，用户只能回忆起该广告，即广告中的信息、情感、价值等一部分内容传递给了目标用户；第二层，用户能想起广告情节，并产生了参与兴趣，即广告传递的内容或方式被认为有趣或值得再次看到；第三层，用户能记得广告情节，产生了参与兴趣，并且品牌对用户产生了驱动或说服效果，即用户与品牌之间建立了联系。

为了直观地判断门户网站广告的投放效果，一般以直观的、能分析的经济效果作为广告效果的评估标准。

2.4.2 门户网站广告投放效果评估

广告的投放目的是使用户通过广告对品牌或产品留下良好印象，直接或间接产生购买行为，提升转化率。所以在投放门户网站广告之后，新媒体广告人员要密切关注每个环节的动向，评估门户网站广告的投放效果。

2.4.2.1 用销售漏斗评估转化率

销售漏斗是科学反映机会状态以及销售效率的一个重要的销售管理模型，在评估门户网站广告投放的主要环节转化率上同样适用。

在门户网站广告展现、点击、访问、咨询，直至生成订单等各个环节中，存在这样一个规律——消费群体呈现出不断减少、逐步流失的漏斗形状。

通过直观的图形方式我们可以看出，门户网站广告用户从潜在用户阶段，发展到意向用户阶段、谈判阶段和成交阶段的比例关系，或者说是转化率。

在这个漏斗形状中存在着一些变量，统计和分析这些变量，可以大致评估出门户网站广告投放之后在各个环节之间的转化率（图2-30）。

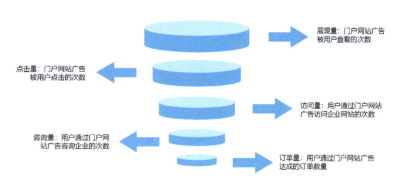

▲ 图2-30 销售漏斗示意

记录门户网站投放过程中的展现量、点击量、访问量、咨询量及订单量，可以直观而清晰地看出门户网站广告每个环节的展示效果。利用销售漏斗对门户网站广告投放效果进行评估，主要目的是保证每个环节用户流通顺畅，让更多流量从漏斗的下端流出。因此，销售漏斗中的每个环节都是评估的重要节点。新媒体广告人员要想获得比较好的广告营销效果，必须对各环节所涉及的指标进行持续监测，以实际动态来捕捉各个环节中潜在的问题，并及时找到解决这些问题的方法。

在门户网站广告投放监测过程中，门户网站广告监测指标及常见问题见表2-3。

表2-3 门户网站广告监测指标及常见问题

监测指标	常见问题	问题成因	应对方法
展现量	展现量偏低	（1）广告位置欠佳 （2）广告中关键词排名靠后 （3）所投放门户网站流量基数小	（1）调整广告位置 （2）优化关键词排名或更改关键词 （3）选择流量基数大的门户网站
点击量	展现量充分，但点击量低	（1）广告文案不具有吸引力 （2）广告创意一般 （3）广告出现形式令人不悦	（1）优化广告文案 （2）设计具有足够吸引力的标题 （3）优化广告出现形式
访问量	点击量正常，但访问量偏低	（1）页面加载速度过慢 （2）网页使用了多次跳转 （3）页面内容与广告创意相关性低 （4）竞争对手恶意点击或门户网站有流量作弊行为	（1）提升网站访问速度 （2）减少页面跳转次数 （3）加强页面内容与广告创意的关联性 （4）监测恶意点击与网站流量作弊行为并采取措施
咨询量	访问量正常，但咨询量偏低	（1）网站质量较差 （2）网站咨询位置不明显 （3）网站内容与广告内容不符	（1）优化网站页面 （2）将网站咨询放在页面显眼位置 （3）保持网站内容与广告内容的一致性
订单量	咨询量正常，但订单量偏低	（1）网站销售能力差 （2）产品性价比不高 （3）产品特质不吸引人	（1）及时回复用户的咨询，并针对用户的问题提供专业解答 （2）提高产品性价比，突出产品卖点 （3）制造产品卖点

2.4.2.2 门户网站广告投放评估表

评估门户网站广告投放效果的方式，除了可以利用销售漏斗模型外，还可以采用评估表评判各项相关要素，如表2-4所列。使用门户网站广告投放评估表对投放效果进行评估，能够得到较为真实、客观的结果。但新媒体广告人员在统计数据时，要注意做到认真、谨慎。

表2-4　门户网站广告投放评估表

评估项目	示例
门户网站广告的传播效果	认可程度，即门户网站广告能让多少人听到或看到，能让多少人认可和理解所传播的信息
提示知名度：提示后消费者对品牌的回忆率	（1）在提示广告内容的情况下，广告接收者是否能回忆起接触过的广告 （2）广告通过媒体传送的"量"是否充足，针对广告接收者的广告到达率和接触频率是否足够 （3）广告创意是否有冲击力，对建立提示知名度有无帮助
未提示知名度：消费者在未经提示的情况下对品牌的回忆率	（1）在未提示广告内容的前提下，广告接收者能否回忆起接触过的广告 （2）满足一定的广告到达率后，接触频率是否达到使广告接收者主动记忆的程度 （3）广告创意的冲击力对广告接收者主动记忆的帮助程度
第一提及知名度：在未经提示的情况下，主动记忆且第一提及某品牌或广告的消费者占所有消费者的比例	（1）在未提示状况下，广告接收者首先提及该品牌或产品信息的比例 （2）比较广告接收者对受检验品牌与竞争品牌的记忆强度 （3）评价广告传播频率、媒体行程的安排合理性 （4）与竞争对手比较广告创意的说服力、冲击力对广告接收者记忆的影响程度
广告理解度	（1）广告接收者对广告所传达信息的理解程度 （2）评价广告选用媒体的类别和方式是否完整传递广告信息 （3）广告创意对信息的表现是否准确、清楚
品牌的偏好度	（1）广告接收者对广告品牌的接受及喜爱程度 （2）广告创意的诉求是否从广告接收者的利益出发，是否迎合了广告接收者的偏好 （3）检查媒体目标接受对象是否与广告创意的目标对象相吻合
购买意向率	（1）广告接收者被广告说服并对品牌有偏好后，产生购买意向的程度 （2）评价广告是否针对有产品需求的目标对象 （3）与竞争品牌相比，对广告接收者综合价值的体现程度 （4）评价门户网站广告创意对广告接收者的说服力和诱导程度
实际购买率	（1）广告接收者决定购买本品牌的实际购买率是多少 （2）评价门户网站投资重点是否与市场购买潜力相吻合

思考与练习

1. 门户网站的广告投放目标如何设定？
2. 广告效果分为哪三个层次？
3. 门户网站的广告投放监测指标及常见的问题有几类？

2.5 门户网站广告设计运营项目实训：联通5G^n

2.5 项目实训

第 3 章

新媒体广告之搜索引擎广告

搜索引擎概述

搜索引擎广告的类型与特点

搜索引擎广告的运作

学习目标

3.1 搜索引擎概述

3.2 搜索引擎广告概述

3.3 搜索引擎广告的运作

3.4 基于关键词的搜索引擎广告投放策略

3.5 搜索引擎广告项目实训：百度

基于关键词的搜索引擎广告投放策略

本章习题

　　随着搜索引擎的平台化发展，搜索引擎广告逐渐包括依附于多样化的搜索引擎工具的广告形式。在新媒体时代，搜索引擎有效连接了企业广告推广的需求和用户检索信息的需求，逐渐成为受广告商青睐的推广工具。搜索引擎广告包括信息搜集、信息整理和用户查询互动功能，具有较高的商业价值和社会价值。搜索引擎广告类型众多，包括竞价排名、广告联盟、地图搜索广告、社区搜索广告和品牌类广告等。本章主要讲解搜索引擎与广告传播、搜索引擎的特征及表现形态、价值、运作方式等知识。

3.1 搜索引擎概述

搜索引擎（search engine）是指从互联网上搜集信息，对其进行组织和处理后，为用户提供检索服务，并将用户检索的相关信息展示给用户系统，主要包括信息搜集、信息整理和用户查询三部分内容。搜索引擎广告是搜索引擎营销的主要表现形式之一，初期是指付费给搜索引擎来提高网站排名的营销行为。随着搜索引擎的平台化发展，搜索引擎广告逐渐包括依附于多样化的搜索引擎工具的广告形式。

3.1.1 搜索引擎发展历史及类型

1990年，搜索引擎诞生，经过30多年的发展，经历了几个不同的发展阶段，它的表现形式也发生了较大的变化。

3.1.1.1 索引式搜索引擎诞生

1990年，以Archie为代表的索引式搜索引擎诞生（图3-1）。尽管当时万维网（World Wide Web）还未出现，但是网络中的文件传输较为频繁，在大量文件中搜索特定的资料成为一个难题。于是，加拿大蒙特利尔大学的学生艾伦·艾姆塔格（Alan Emtage）创建了一个以文件名为索引的查找系统，帮助用户在众多分散的FTP（文件传输协议，File Transfer Protocol）主机中找到自己想要的文件。

▶ 图3-1 以Archie为代表的索引式搜索引擎

3.1.1.2 目录式搜索引擎出现

1994年4月，以雅虎（Yahoo）为代表的目录式搜索引擎出现（图3-2）。美国斯坦福大学的两名博士生杨致远（Jerry Yang，美籍华人）和大卫·费罗（David Filo）共同创办了雅虎搜索引擎。作为第一代分类目录式的搜索引擎，它以人工方式审核网站提交的信息，并将它纳入一个事先确立的分类体系，最终以目录形式呈现

▶ 图3-2 雅虎中国搜索引擎

给用户。1998年2月,张朝阳在我国推出分类目录搜索引擎——搜狐。

3.1.1.3 元搜索引擎问世

1995年,以metacrawler为代表的元搜索引擎问世(图3-3)。元搜索引擎通过一个统一的用户界面,帮助用户在多个搜索引擎中选择一个甚至多个合适的搜索引擎来完成检索要求。metacrawler是由美国华盛顿大学的硕士生埃里克·塞尔伯格(Eric Selberg)和奥伦·埃齐奥尼(Oren Etzion)创办的。国外著名的元搜索引擎还有Infospace、Dogpile等;在国内,好搜、搜魅网等也属于元搜索引擎。

▶ 图3-3 以metacrawler为代表的元搜索引擎

3.1.1.4 关键词搜索引擎问世

斯坦福大学的两名博士生拉里·佩奇(Larry Page)和谢尔盖·布林(Sergey Bin)联合创办关键词搜索引擎谷歌(图3-4)。关键词搜索引擎由搜索器、索引器和检索器组成。其中,搜索器负责尽可能多地搜集和定期更新信息;索引器从之前搜索到的信息中抽取索引页,并生成索引表;检索器则依据用户输入的关键词来检索结果,并根据相关性进行排序。1999年12月,由李彦宏创办的百度成为国内比较典型的关键词搜索引擎。

▶ 图3-4 以谷歌为代表的关键词搜索引擎

3.1.1.5 人工智能搜索引擎的问世

在人工智能(AI)技术的不断升级和迭代中,ChatGPT让人们看到了搜索引擎的另一种可能:AI搜索引领的生成式答案(图3-5)。

▶ 图3-5 以ChatGPT和文心一言为代表的AI搜索引擎

在搜索1.0时代，只能满足用户的"温饱"问题：解决信息查找。此时，雅虎站在了舞台中央。在搜索2.0时代，此时的网站引入AI与处罚算法，主要从兴趣+内容入手，不过仍处于搜寻信息阶段。搜索3.0时代，搜索引擎开始"拟人化"，能够根据关键词获取数据库中的相关信息整合回答，并能通过用户反馈的有用率，重新学习再调整内容。

另一方面，市场需求是技术创新活动的动力源泉，需求的增长也是事物发展强有力的推手。ChatGPT已是个较为完善的产品，初具AI的形态，满足了C端用户的大部分需求。自2022年11月ChatGPT问世以来，用户增长迅速。据瑞银集团的一份报告显示，它在2023年1月末的月活用户已经突破了1亿，成为史上用户增长速度最快的消费级应用程序。国盛证券区块链研究院在研报中表示，ChatGPT在寻找答案、解决问题的效率上已经部分地超越了如今的搜索引擎。相较于搜索引擎2.0得出的反馈而言，GPT3.5结合人类反馈强化学习进行训练，优化了问题与答案生成间的匹配精准度。比如，针对开放式问题，ChatGPT也可以通过匹配网络中的数据生成较为完整的答案，在处理知识类以及创意类的问题时，ChatGPT提供的搜索体验远胜于目前的传统搜索引擎。同时，无论是PC端还是手机端，搜索引擎都是互联网最大的入口之一，这也为搜索引擎3.0提供了必备的需求。

正因如此，ChatGPT的出现使得众人看到搜索引擎下一代的模样。同时，国内的百度文心一言AI也在近期发布测试。从ChatGPT到文心一言，AI人工智能搜索引擎3.0的时代将拉开序幕。

3.1.2　搜索引擎概念

我国的搜索引擎出现于20世纪末。1998年2月，我国首家大型分类查询搜索引擎——搜狐正式诞生。2001年8月，百度上线独立搜索服务，开启了中文搜索的新时代（图3-6）。

狭义的搜索引擎是指根据一定的策略、运用特定的计算机程序从互联网上采集信息，在对信息进行组织和处理后，为用户提供检索服务，将检索的相关信息展示给用户的系统。

从使用角度而言，搜索引擎非常便捷，它提供了一个包含搜索框的页面，用户在搜索框内输入词语，通过浏览器提交给搜索引擎后，搜索引擎会反馈与用户输入的内容相关的信息列表（图3-7）。

▲图3-6　百度搜索引擎

广义的搜索引擎是指提供搜索服务的网络平台。除了专门的搜索引擎网站外，带有搜索功能的其他综合性或垂直性网站都算作广义上的搜索引擎。将"搜索引擎"这一概念放到新媒体广告传播的语境中进行讨论时，通常理解为广义上的搜索引擎。

例如，用户可以有以下体验：在购物网站淘宝的平台中搜索商品，了解商品信息，筛选出自身需要的商品（图3-8）；在生活服务平台美团上搜索附近的餐厅，寻找合适的就餐地点；在电影互联网平台猫眼上搜索近期上映的电影，购票和选座；在音乐软件酷狗上搜索想听的音乐，享受美妙的音乐。

当用户遇到疑惑与问题需要解决时，利用搜索引擎搜索是方便、快捷的解惑答疑方式。在浩如烟海的信息库中，搜索引擎能够从海量信息中迅速找到用户所需信息。如今，人们已经习惯使用搜索引擎来查找学习信息、了解新闻资讯、关注商品价格等，搜索引擎已经成为一个非常重要的信息门户。

▲ 图 3-7　搜狗搜索引擎

▲ 图 3-8　淘宝搜索引擎

思考与练习

1. 搜索引擎发展的几个历史阶段代表的引擎各是什么？
2. 人工智能（AI）搜索引擎的特征是什么？
3. 狭义的搜索引擎是什么？

3.2 搜索引擎广告概述

搜索引擎广告是搜索引擎营销的主要表现形式之一，初期是指付费给搜索引擎来提高网站排名的营销行为。随着搜索引擎的平台化发展，搜索引擎广告逐渐包括依附于多样化的搜索引擎工具的广告形式。在新媒体时代，搜索引擎有效连接了企业广告推广的需求和用户检索信息的需求，逐渐成为受广告商青睐的推广工具。搜索引擎广告包括信息搜集、信息整理和用户查询互动功能，具有较高的商业价值和社会价值。

3.2.1 搜索引擎广告的类型

搜索引擎广告类型众多，包括品牌广告、竞价排名广告、广告联盟、地图搜索广告、社区搜索广告等。其中，品牌广告又分为品牌专区广告和品牌地标广告。

3.2.1.1 品牌广告

搜索引擎广告中的品牌广告是一种专注于品牌推广和增强品牌认知的广告形式。品牌广告旨在通过在搜索引擎结果页面上投放广告来提升品牌形象，吸引目标受众的注意力，并与品牌相关的关键词和搜索结果相关联。

品牌广告在搜索引擎中的特点如下。

（1）品牌关键词投放。品牌广告通常使用与品牌相关的关键词作为投放的目标。这些关键词可能包括品牌名称、品牌口号、产品特征等与品牌直接相关的词汇。通过在搜索引擎中投放品牌关键词，品牌广告可以在用户搜索品牌相关内容时显示，增加品牌的曝光度和认知度。

（2）强调品牌价值和形象。品牌广告通过文字、图像和视频等方式来呈现品牌的核心价值和形象。广告内容通常强调品牌的独特性、优势和特点，以吸引用户的注意力并建立品牌认知。通过在搜索引擎结果页面上展示有吸引力的品牌广告，品牌主可以增加品牌的美誉度和信任度。

（3）增强品牌的搜索可见性。品牌广告可以帮助品牌主在搜索引擎中增强品牌的搜索可见性。当用户搜索与品牌相关的关键词时，品牌广告可以在搜索结果的顶部、侧边或其他突出位置显示。这样，品牌主可以确保他们的品牌在搜索引擎中的展示优先于竞争对手，提高品牌被用户发现的机会。

（4）建立品牌忠诚度。品牌广告有助于建立品牌忠诚度和长期客户关系。通过持续地投放品牌广告，品牌主可以与目标受众保持联系，并不断提醒他们品牌的存在和价值。这有助于培养用户对品牌的忠诚度，使他们成为品牌的忠实支持者和重复购买者。

品牌广告在搜索引擎中具有重要的价值，可以帮助品牌主建立品牌认知、增强品牌形象、增加品牌搜索可见性和培养品牌忠诚度。通过精心制订的品牌广告策略和优化投放，品牌主可以在竞争激烈的搜索引擎环境中脱颖而出，与目标受众建立深层次的品牌连接。

3.2.1.2 竞价排名广告

竞价排名广告是一种常见的搜索引擎广告形式，也被称为付费搜索广告或搜索引擎营销（SEM）。这种广告形式基于广告主对关键词的竞价，以获取在搜索引擎结果页面中的更高展示位置。竞价排名类广告的特点如下。

（1）关键词竞价。广告主通过竞价购买与其业务相关的关键词或关键词短语。当用户在搜索引擎中输入这些关键词进行搜索时，广告主的广告可能会显示在搜索结果页面的顶部、底部或侧边位置。关键词的竞价金额决定了广告展示的顺序和位置。

（2）竞争激烈。由于广告主对热门关键词的竞争，竞价排名广告的竞争激烈。广告主需要制订有效的竞价策略，以提高广告的展示频率和点击率，同时控制广告投放的成本。竞争激烈也意味着关键词的竞价价格可能较高。

（3）广告内容。竞价排名广告通常以文本广告的形式展示，包括标题、描述和显示网址。广告内容需要吸引用户的注意力，同时与用户搜索的关键词相关。广告的呈现方式可能有限制和规范，以保持广告内容的准确性和质量。

（4）点击付费。竞价排名广告采用按点击付费（Pay-Per-Click，PPC）的模式。广告主只有在用户点击广告并访问其网站后才需要支付费用。这种付费模式可以帮助广告主控制广告投放的效果和成本，并根据广告的转化率和回报来评估广告的效果。

（5）数据驱动的优化。竞价排名类广告可以通过实时数据分析和优化来提高广告效果。广告主可以监测广告的点击率、转化率和其他关键指标，并进行调整和优化。通过分析数据，广告主可以优化关键词选择、广告文案和目标受众定位，提高广告的点击率和转化率。

综合排名指数为质量度与竞价价格的乘积。质量度依据历史数据计算，涵盖点击率、与关键词的相关性、网站质量、账户历史质量等方面。高质量度的关键词除了能获得较高的排名外，还能优先展示在搜索结果页面的左侧，继而获得更好的推广效果（图3-9）。

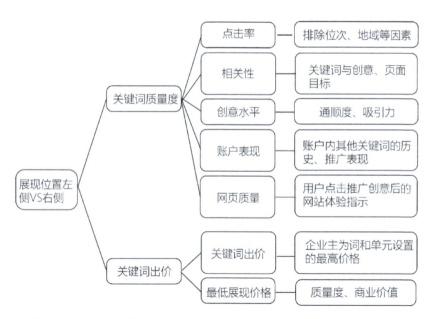

▶ 图3-9　百度竞价排名的影响因素分析

3.2.1.3 广告联盟

广告联盟的形式始于1996年的亚马逊。具体来说，就是集合中小网络媒体资源，如中小网站、个人网站、WAP（无线通信协议）站点等组成联盟，只要申请加入广告联盟并通过审核，搜索引擎运营商就能帮助广告商在这些网站上实现广告投放，并进行广告投放数据监测统计，广告主则按照网络广告的实际效果向联盟会员支付广告费用的网络广告组织投放形式。它可以有效实现广告资源共享，同时满足网民的搜索需求和企业的推广需求。

▲ 图3-10　百度联盟在出国留学网上投放的广告

目前我国的广告联盟还处于发展初级阶段，与百度联盟（图3-10）类似的还有谷歌的AdSense（图3-11）、搜狗的搜狗联盟、雅虎的Publisher Network等。这些联盟自身不发布推广信息，而是依托于搜索引擎庞大的网民行为数据库和精准的受众定向技术（包括网民的基本属性和兴趣爱好等），在联盟网站中展示内容相关的推广信息。而当网民点击这些网站的推广信息时，网络联盟就能从中赚取佣金，这些网站也会获得收入分成。

▲ 图3-11　谷歌AdSense在中关村在线网上投放的广告

3.2.1.4 地图搜索广告

地图搜索广告就是在网络地图上标注企业位置及相关信息，利用网络地图（如百度地图、谷歌地图）中标注的公司名称和位置等信息来进行企业自身的营销。搜索引擎的地图频道为广告商提供了许多潜力巨大的广告资源，因为地图搜索已经不再只是受众用来导航的工具，而逐渐成为受众寻找衣食住行、教育、医疗等相关城市生活服务的网络产品。

3.2.1.5 社区搜索广告

社区搜索广告即搜索引擎利用贴吧、网络论坛等方式来拓展营销渠道。比如百度贴吧官方吧客户端具有消息推送功能，即针对关注了本吧的粉丝进行消息推送，每周发送1条消息。国内最著名的社区搜索产品是百度贴吧。贴吧是一种基于关键词的主题交流社区，通过用户输入的关键词，自动生成讨论区，使用户能立即参与交流，发布与自己感兴趣的话题相关的信息和想法。百度贴吧的推广资源包括软性植入、皮肤定制、读图贴吧、贴吧首页旗帜（图3-12）和文字链接广告、官方贴吧等。与其他社区相比，贴吧"关键词"汇聚的网民特点无疑更加精准，更具传播影响力。

▲ 图 3-12　努比亚 Z9 手机的百度贴吧首页广告

3.2.2　搜索引擎广告的特点

搜索引擎广告具有以下四大特点。

3.2.2.1　精准地锁定目标用户

搜索引擎广告既可以在用户搜索特定关键词时触发，也可以关联用户的搜索行为、网络浏览行为等数据，从而更加精准地为广告主锁定目标用户，并实时投放为其量身定做的广告。

正因为用户所看到的广告是与其关注点或兴趣高度匹配的内容，所以他们浏览、点击广告甚至购买产品的可能性较大，广告的到达率和转化率也较高。

到达率是在特定时期内，目标用户（传播范围内的总人数）中看到、听到或读到广告信息的比例。转化率是用户点击广告后，引发的一次销售或其他直接销售行为发生的数量与点击数的比例。转化率=销售数量÷总点击数。

3.2.2.2　投放门槛低，投入可控

搜索引擎广告大多采用CPC广告计费模式，广告主只有在获得广告点击、流量甚至销售量时才需要付费。这使得广告的投放门槛降低，让一些中小企业乃至个人都可以加入广告投放的行列。

CPC广告计费模式还赋予了广告主定价权，广告主既可以针对每个关键词自主定价，还能够根据竞争对手的出价和用户的需求等情况灵活调整定价，这使广告主的推广力度和资金投入更加可控，从而不断优化其投资回报率。

搜索引擎广告的形式通常比较简单，只需将关键信息（如标题、摘要等）以文字形式表达出来即可，不需要复杂的广告设计，这降低了广告设计制作成本。

3.2.2.3　自主投放，操作简单，灵活度高

传统广告及不少其他类型网络广告的投放都有策划、设计、排期的过程，搜索引擎广告

则没有。搜索引擎企业为广告主提供了操作便捷的广告管理平台，如百度营销中心。通过这些平台，广告主和新媒体广告人员可以自主地对广告覆盖人群、投放价格、物料模板等广告参数进行控制，实现一站式服务。

广告主和新媒体广告人员可自主编辑广告内容，对广告内容享有修改和优化权；可自由选择广告时间，让广告在特定时间出现；还能设置广告费用上限，一旦广告累计支出超出设定金额，广告将自动下架。

3.2.2.4 广告效果可跟踪

搜索引擎广告投放后，新媒体广告人员可在后台随时查询有关投放效果的数据，生成完整的报告，并根据数据调整既有的投放策略，以进一步提升广告效果和投资回报率。

> **思考与练习**
>
> 1. 搜索引擎广告的类型有哪些？请详细说明。
> 2. 搜索引擎广告的特点有哪些？

3.3 搜索引擎广告的运作

搜索引擎广告运作模式的形成与搜索引擎市场产业链的建构、主要盈利模式和广告收费模式的稳定呈现直接相关。国内搜索引擎市场的主体构成存在差异性和竞争性，搜索引擎市场的集中度及投放广告时的投放策略也会对搜索引擎广告运作产生较大影响。

3.3.1 搜索引擎广告的商业价值

3.3.1.1 日益增长的市场规模

搜索引擎存在的意义在于，自互联网进入Web2.0模式后，自媒体的产生使用户生成内容产生井喷式增长，搜索已经成为网民正常获取互联网信息必不可少的途径。信息搜索行为发生在互联网生活的方方面面。因此，网络信息的数量越多，搜索引擎和其广告的价值就越大。

据第50次《中国互联网络发展状况统计报告》，2022年上半年，我国各类个人互联网应用持续发展。其中，短视频的用户规模增长最为明显，较2021年12月增长2805万，增长率达3.0%，带动网络视频的使用率增长至94.6%；即时通信的用户规模保持第一，较2021年12月增长2042万，使用率达97.7%；网络新闻、网络直播的用户规模分别较2021年12月增长1698万、1290万，增长率分别为2.2%、1.8%（表3-1）。

表 3-1　2021.12 ～ 2022.6 各类互联网应用用户规模和网民使用率

应用	2021.12		2022.6		增长率
	用户规模/万	网民使用率	用户规模/万	网民使用率	
即时通信	100666	97.5%	102708	97.7%	2.0%
网络视频（含短视频）	97471	94.5%	99488	94.6%	2.1%
短视频	93415	90.5%	96220	91.5%	3.0%
网络支付	90363	87.6%	90444	86.0%	0.1%
网络购物	84210	81.6%	84057	80.0%	−0.2%
搜索引擎	82884	80.3%	82147	78.2%	−0.9%
网络新闻	77109	74.7%	78807	75.0%	2.2%
网络音乐	72946	70.7%	72789	69.2%	−0.2%
网络直播	70337	68.2%	71627	68.1%	1.8%
网络游戏	55354	53.6%	55239	52.6%	−0.2%
网络文学	50159	48.6%	49322	46.9%	−1.7%
在线办公	46884	45.4%	46066	43.8%	−1.7%
网约车	45261	43.9%	40507	38.5%	−10.5%
在线旅行预订	39710	38.5%	33250	31.6%	−16.3%
在线医疗	29788	28.9%	29984	28.5%	0.7%

3.3.1.2 搜索引擎广告收入

以全球范围而言，根据eMarketer发布的报告，2022年全球搜索引擎广告支出预计超过1600亿美元。这主要是由于数字化广告市场的增长和企业对搜索引擎广告的持续投资。在具体的搜索引擎公司中，谷歌是全球最大的搜索引擎之一，其广告业务贡献了大部分的搜索引擎广告收入。根据谷歌母公司Alphabet的财报，2021年第四季度，谷歌广告营收达到了约569亿美元。

中国市场的搜索引擎广告收入呈现了持续增长的趋势。根据中国互联网络信息中心发布的《中国互联网络发展状况统计报告》，2022年中国互联网广告市场规模达到了约6279亿元人民币（约合979亿美元），其中搜索引擎广告是互联网广告的重要组成部分。百度是中国最大的搜索引擎之一，其广告业务贡献了大部分的中国搜索引擎广告收入。根据百度公司的财报数据，2021年第四季度，百度在线营销服务业务（包括搜索引擎广告）的收入为339.8亿元人民币（约合53亿美元）。此外，阿里巴巴旗下的搜索引擎服务提供商神马搜索也在中国市场扮演了一定的角色。然而，由于缺乏公开披露的数据，关于神马搜索的具体广告收入数字较难获取。需要注意的是，以上数据仅供参考，具体的搜索引擎广告收入数据可能会因数据来源和不同的研究报告而有所差异。

3.3.1.3 高投资回报的搜索引擎广告特点

搜索引擎广告自其诞生起就因低投入、高回报而受到各方关注，与传统媒体相比，它的投资回报率十分诱人。搜索引擎广告是一种低投入高回报的广告形式，以下是其主要原因。

首先，搜索引擎广告具有精准定位的能力。通过设置适当的关键词和广告定位选项，广告主可以将广告仅展示给与其产品或服务相关的潜在用户。这种精准定位的能力可以大大提高广告的效果和转化率，最大限度地减少浪费的广告开支。

其次，搜索引擎广告采用竞价排名的方式，广告主只需支付用户实际点击广告链接时的费用，即按点击付费（CPC，Cost Per Click）。这种按效果付费的模式使得广告主可以更好地控制广告预算，并且只有当用户对广告感兴趣并点击时才产生费用，从而最大化广告投资的回报率。

另外，搜索引擎广告具有数据分析和优化的能力。广告主可以通过搜索引擎广告平台提供的数据分析工具，实时监测广告的点击量、转化率和投资回报率（ROI，Return on Investment）等关键指标。基于这些数据，广告主可以进行广告优化和调整，以提高广告效果和回报率。

此外，搜索引擎广告还具有广告展示的灵活性。广告主可以根据自己的预算和需求，设定每日预算限制和广告投放时间段，确保广告投放在最适合的时机和受众群体中。这种灵活性使得广告主可以根据需求调整投放策略，最大化广告投资的回报。总的来说，搜索引擎广告通过精准定位、按效果付费、数据分析和优化以及灵活的广告展示等特点，成为一种低投入高回报的广告形式。广告主可以通过有效管理和优化广告活动，以最小的预算获得高质量的广告曝光和转化，提升企业的品牌知名度和销售业绩。

搜索引擎广告利用网民使用搜索引擎的习惯，将企业营销信息被动地传递给他们，以满足需求，同时也帮助企业实现营销目标。搜索引擎催生了新的商业盈利模式，成为网络经济新的增长点，使一种新的广告模式产生并发展成最有效的在线市场推广工具以及未来一段时间内成长最快的网络广告形式。目前，关键词搜索引擎是受众基础最广泛、形态最稳定的搜索引擎模式，因此，本章将重点讨论以关键词搜索引擎为投放平台的广告。

3.3.2 搜索引擎广告的社会价值

搜索引擎广告具有重要的社会价值，以下是一些关于搜索引擎广告的社会价值的观点。

3.3.2.1 信息获取与便利性

搜索引擎广告提供了广告主的产品和服务的相关信息，为用户提供了方便快捷的途径来获取所需的信息。用户可以通过搜索引擎广告快速找到他们感兴趣的产品、服务或解决方案，节省了时间和精力。

3.3.2.2 商业推广与发展

搜索引擎广告为企业提供了推广产品和服务的机会，促进了商业的发展和创新。广告主可以通过搜索引擎广告有效地宣传品牌、推销产品，增加销售和业务机会，从而促进经济增长。

3.3.2.3 广告主与消费者的联系

搜索引擎广告搭建了广告主和消费者之间的桥梁，建立了直接的沟通和互动渠道。广告主可以通过广告内容与消费者进行互动、了解其需求和反馈，从而改进产品、提供更好的服务，并建立良好的客户关系。

3.3.2.4 资源分配与公平竞争

搜索引擎广告通过竞价排名的机制，使广告主以市场竞争的方式获得广告曝光机会。这种竞争机制促使广告主提供更好的产品和服务，并在公平的竞争环境中分配资源。

3.3.2.5 社会贡献与公益活动

搜索引擎广告也可以用于传播社会公益信息和推广公益活动。通过搜索引擎广告的曝光，社会组织和公益机构可以有效传达社会问题和解决方案，动员更多人参与公益行动，提升社会意识和参与度。大量优秀的公益广告被投放在搜索引擎的平台，在受众搜索相关信息的过程中被呈现出来，从而引发受众对该公益信息产生兴趣。联合国妇女署（UN Women）为了倡议保障妇女应有权利，在搜索引擎上刊登了一则公益广告，通过谷歌搜索数据，曝光了社会对妇女的歧视。该广告显示，在谷歌搜索框中输入"女人应该……""女人不应该……""女人不可以……"等搜索词，可以看到搜索次数最多的均是歧视女性的内容（图3-13）。

总的来说，搜索引擎广告在促进信息传递、商业推广、资源分配和公益活动方面发挥了重要的社会价值。它不仅为用户提供了方便快捷的信息获取途径，也促进了企业的发展和创新，同时在社会层面上也起到了促进公益和社会意识的作用。

▲ 图3-13 联合国妇女署的公益广告

3.3.3 搜索引擎广告运营模式

3.3.3.1 搜索引擎市场产业链

搜索引擎产业链主要是指企业用户、搜索引擎运营商、代理商、互联网公司及最终用户等通过一定的合作方式形成一种特定价值链的依存实体，它们之间是一种利益互补、共同受益的关系。

在搜索引擎产业链中，企业用户占据着重要的地位，属于搜索引擎产业链的上游端。正是由于企业具有这方面的服务需求，才使得搜索引擎具有存在的意义和发展的空间。

搜索引擎运营商则主要是对搜索引擎技术和搜索内容进行整合，既利用搜索引擎技术提供商的技术，又利用内容提供商的内容，以特定的商业模式进行运营。它是搜索引擎产业链的中间价值点，扮演着既推广搜索技术又推广内容提供商的产品或服务的角色（图3-14）。

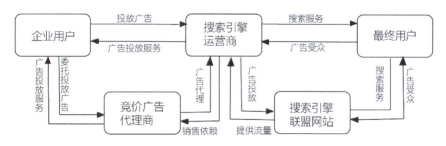

▲ 图3-14 搜索引擎市场产业链

竞价排名广告是目前搜索引擎最重要的盈利模式，因此催生了竞价广告代理商，为企业用户提供专业的竞价广告投放意见。一方面，各搜索引擎的关键词投放规则不同，且不定期改变；另一方面，要想获得更好的投放效果，有时可能需要投放上百组、上千组关键词，并做到实时监管。这些都需要专业的广告投放管理，竞价广告代理商能满足企业用户这方面的需求。

用户是整个产业链的核心，企业用户和搜索引擎运营商的所有努力最终都是为了满足用户的需求，从而获取利益。

（1）搜索引擎营销。搜索引擎营销指利用网民对搜索引擎的依赖和使用习惯，在检索信息时尽可能地将营销信息传递给目标客户。搜索引擎营销一般来说有两种途径：一是购买收费的搜索引擎广告；二是通过技术手段进行搜索引擎优化。

（2）搜索引擎广告。搜索引擎广告是搜索引擎营销的主要表现形式之一，指付费给搜索引擎来提高网站的排名（通常指搜索引擎赞助的广告部分的排名）。随着搜索引擎越来越平台化，搜索引擎广告的内涵也越来越广泛，还包括依附于多样化搜索引擎产品的其他各种内容广告形式（图3-15）。

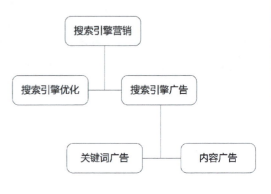

▲ 图3-15 搜索引擎广告营销的方式

3.3.3.2 搜索引擎运营商的主要盈利模式

（1）技术授权。搜索技术授权是搜索引擎最早的盈利模式，主要是指作为搜索技术提供商向门户网站收费。有些门户网站不愿花大量的人力、财力去研发自身的搜索技术，而是通过付费给某些搜索企业来使用它们的技术，这样就为技术领先的搜索企业带来了盈利渠道。即使在今天，技术授权依然是搜索引擎的主要收入来源之一，如谷歌仍为一些企业、门户网站、政府机构甚至其他搜索引擎运营商提供搜索技术，按搜索次数收取授权技术使用费。

（2）竞价排名。竞价排名也是早期搜索引擎使用的一种盈利手段，已成为以百度为首的众多搜索引擎的主要盈利模式。搜索引擎通过将关键字的搜索结果位置进行拍卖，根据某一网站出价的高低排列它在搜索结果中的位置，出价高的网站会出现在搜索结果的前列。这种做法的流量变现能力很强。但是，从长期来看这会损害用户体验，毕竟用户搜索的目标不是广告，将很多竞价高但受众面窄的广告排在前列可能会使用户反感，这也是众多搜索引擎近年来逐渐改变竞价算法，越来越注重关键词质量的原因。2001年10月，百度在国内首创竞价排名的概念，并申请了中国地区的专利；几乎同一时间，谷歌推出Adwords，同样采用了单机付费和竞价的方式。

（3）广告联盟。在网站联盟的盈利模式中，搜索引擎成为连接广告商和网站主的桥梁，并在其中起到很大的作用。搜索引擎运营商通过程序分析网站页面的内容以及关键字，并在各个广告主提供的广告中提炼出与网站内容相关的广告，投放到网站。由此，搜索引擎将与网站主一起分享广告商提供的广告佣金。谷歌于2003年10月推出的AdSense就是一款针对网站主的互联网广告服务，帮助谷歌联盟平台上的网站获取相关的内容广告，使网页广告成为一种真正有用的分享信息。

3.3.4 搜索引擎广告的收费方式

3.3.4.1 按点击付费（CPC，Cost Per Click）

这是最常见的搜索引擎广告收费方式。广告主只有在用户实际点击广告链接时才需要支付费用。每次用户点击广告链接时，广告主根据竞价排名确定的价格支付费用。按点击付费的模式使得广告主可以更好地控制广告预算，并且只有当用户对广告感兴趣并点击时才产生费用。

3.3.4.2 按千次展示付费（CPM，Cost Per Mille）

这种收费方式是按广告在搜索引擎结果页面或其他合作网站上的展示次数计费。CPM收费方式适用于广告主希望提升品牌曝光和知名度的情况，而不是追求用户的具体点击行为。

3.3.4.3 固定费用或包月费用

在某些情况下，广告主与搜索引擎公司可以达成固定费用或包月费用的协议。广告主会支付固定的费用，以在特定的时间段内或特定位置上展示广告。这种收费方式通常适用于特定的广告合作或特定的广告位需求。

3.3.4.4 混合收费方式

有时搜索引擎广告会采用多种收费方式的组合。例如，广告主可能设置一个最大的CPC出价，同时还支付固定费用以保证广告的展示位置。

需要注意的是，不同的搜索引擎公司可能有略微不同的收费模式和计费规则。此外，搜索引擎广告的具体收费方式也会受到市场需求、广告竞争情况和广告主的预算等因素的影响。广告主在选择收费方式时应根据自身的广告目标、预算和市场环境做出合适的决策。

> **思考与练习**
>
> 1. 搜索引擎广告的营销的方式是什么？
> 2. 搜索引擎广告的商业价值和社会价值是什么？
> 3. 搜索引擎广告引擎运营商的主要盈利模式有哪些？

3.4 基于关键词的搜索引擎广告投放策略

对于搜索引擎广告而言，关键词的设置是否恰当，对广告效果具有重大影响。因此，搜索引擎广告的投放策略主要围绕关键词展开。

3.4.1 确立竞价策略

竞价策略是搜索引擎广告投放的基础策略之一，是指通过评估搜索引擎广告投放的各类条件，确定投放量及价格的策略过程。在这个过程中，评估搜索引擎广告投放的条件主要包括平台、时间段、终端的选择。

3.4.1.1 平台选择

搜索引擎平台的选择尤为重要，新媒体广告人员需要依据各类搜索引擎平台的特点及定位和用户的搜索行为特征综合选择投放平台。

中国互联网络信息中心于2022年12月开展了针对我国网民搜索引擎使用情况的专项调查，并撰写了《2022年中国网民搜索引擎使用情况研究报告》（以下简称《报告》）。《报告》数据显示，在PC端搜索引擎用户中：百度搜索的首选率为57.2%；360搜索的首选率为28.1%；搜狗搜索排名第三，首选率为5.0%。在移动端搜索引擎用户中，百度搜索的首选率为66.8%，搜狗搜索和神马搜索首选率分别为13.9%和10.9%，其他搜索引擎的首选率均未超过10%。

新媒体广告人员在选择搜索引擎广告投放平台时，通常会尽量选择流量大、用户群体规模大的平台，以达到更好的投放效果。

3.4.1.2 时间段选择

搜索引擎广告投放的时间段选择也非常重要，不同时间段投放效果有所不同。在搜索高峰时间段，用户对信息的需求程度更大。新媒体广告人员可以根据所投放搜索引擎平台给出的不同时间段的流量数据进行相应的投放。

当然，不同行业、不同产品或服务的投放时间段往往具有较大差异，新媒体广告人员在投放过程中要根据具体情况对投放时间段进行调整，以达到最佳效果。

《报告》显示，用户在工作、学习场景下使用搜索引擎的比例最高，达到76.5%；其次为查询医疗、法律等专业知识场景，使用率为70.5%。根据这一数据，新媒体广告人员可在这些场景频繁出现的时间段投放广告。

3.4.1.3 终端选择

搜索引擎广告投放终端的选择也比较重要。目前搜索引擎广告基本都会提供两种投放终端：PC端和移动端。《报告》数据显示，97.1%的搜索引擎用户通过手机使用该服务，而通过台式电脑或笔记本电脑使用该服务的用户比例仅为65.0%。

其中，在移动端通过浏览器类应用使用搜索引擎的用户比例最高，达到74.1%；使用手机自带浏览器登录搜索引擎的用户占比排名第二，为72.1%；使用搜索引擎类手机应用的用户比例为66.8%。在PC端通过浏览器登录搜索引擎网站的用户比例最高，达到90.4%；通过导航网站上的搜索引擎使用该服务的用户相对较少，为56.1%。

3.4.2 关键词选择策略

3.4.2.1 关键词的来源

搜索关键词即用户输入一个词或句子，以此为内容进行搜索，搜索引擎依据内容显示搜索结果。其中用户输入的内容就是"关键词"。新媒体广告人员在选择关键词时，需要确定营销目标、熟悉市场情况、洞察目标群体，并将这些信息与企业的产品和服务有效结合，才可能制订出具有针对性的广告投放方案。表3-2所示为关键词来源及示例，新媒体广告人员可依据营销目标、目标用户定位和市场环境来选择关键词。

表3-2 关键词来源

关键词来源		释义	示例（以淘宝网为案例）
营销目标	品牌推广	与公司名称、品牌相关的词	淘宝网、手机淘宝、阿里巴巴、天猫
	市场公关	热门事件名称、事件特点等	阿里巴巴市值首破8000亿美元、阿里巴巴犀牛工厂
	主营业务宣传（产品、服务）	主营产品、型号、商业模式、地域等	智能家电、零食饮品、潮流穿搭
	活动、促销营销	活动名称、内容、优势等	"双11"大促、女装5折起
	目标用户定位	根据目标用户的兴趣点设置关键词	如果目标群体为都市年轻女性，则她们常搜索的可能是口红、腮红……
	市场环境	竞争品牌的公司名称、主营业务等	淘宝的竞争企业，如当当、京东、拼多多等

3.4.2.2 关键词选择

关键词来源明确后，还需根据以下3个方面的内容选择关键词。

（1）根据广告主自身情况选择关键词类型。由于关键词广告采用CPC广告计费模式计费，对关键词选择有以下影响：选择高频词将面临激烈的市场竞争，适合预算充足的广告策略；选择低频词则流量较低，适合预算有限且持续时间较长的广告策略。

（2）保证广告落地页与关键词具有高度相关性。用户在搜索关键词并点击广告后看到的广告落地页内容，需要与关键词具有高度相关性，这直接影响广告的排名和到访用户能否被广告产品或服务吸引。如果广告落地页呈现的产品为"华为手机"，关键词却是"女装1折起"，则会令用户感到错愕与失望，使广告效果大打折扣。

（3）采用长尾词策略。长尾词是指2~4个词汇组成的短语，将词汇组合起来形成限定性的描述，会得到流量相对较低但更为精确的关键词。例如，"2023年新款太阳镜/××同款墨镜"等。需要注意的是，确定长尾词要站在用户可能搜索的角度上思考，且避免选择一些过于宽泛的关键词。

3.4.3 围绕核心关键词优化广告内容

用户在搜索关键词后出现的广告内容是否具有吸引力，直接影响广告的点击量。新媒体广告人员在打造搜索引擎广告内容时，除了需要做到合法合规、客观真实、言简意赅外，还可围绕核心关键词对广告内容进行以下4个方面的优化。

3.4.3.1 标题或描述中包含与关键词一致或语义相近的元素

当用户搜索关键词时，显示的信息中与关键词一致的部分会以红色呈现。若广告内容与用户搜索的关键词高度一致，很容易引起用户注意，吸引用户点击观看。

新媒体广告人员可以围绕核心关键词打造广告内容，凸显产品或服务的特点、卖点以及企业优势，尽可能使用户在看到广告时，能够不假思索地点击。

3.4.3.2 突出产品优势

新媒体广告人员在优化广告内容时，可突出地域、产品质量、公信力（口碑）、价格、比较优势、促销等信息，强调提供的产品或服务的优势、独特性（稀有性）、专业性，以引起用户注意。

3.4.3.3 使用具有号召性的词汇

使用具有号召性的词汇吸引用户的注意力，激发他们快速采取行动。例如："注册""报名"等带有行动色彩的动词;"立即""现在""马上"等营造紧迫感的副词;"成就梦想""实现自由"等具有激励色彩的宣传口号等。

3.4.3.4 过滤消费可能较小或没有消费可能的用户

投放搜索引擎广告的最终目的并非追求产生点击量,而是消费行为的达成。在广告展现过程中,有一部分用户并不具备消费能力或消费意愿较小,为了降低不具备消费能力或无消费意愿的用户点击后产生的费用,新媒体广告人员有必要采取措施过滤这部分用户。

新媒体广告人员可以通过在广告中明示产品与服务的价格,或将自身与某品牌相类比来暗示产品的价格,以降低寻求便宜或免费产品的用户群体的点击率。

3.4.4 搜索引擎广告投放效果评估

对搜索引擎广告投放效果进行评估,能够确定广告活动是否达到了预期目标、广告费用的投入与广告效果是否成正相关关系,检验新媒体广告人员在投放过程中存在哪些问题。这是一项非常重要的工作,对指导后续广告投放工作具有不可替代的重要意义。

3.4.5 搜索引擎广告投放效果评估指标

将搜索引擎广告的投放过程分为6个阶段,每个阶段都需要进行监测和评估,有其对应的评估指标(表3-3)。

表3-3 搜索引擎广告投放效果评估

阶段	评估指标	释义
用户搜索关键词阶段	日均搜索量	广告获得展现机会阶段
广告获得展现机会阶段	广告排名	广告在关键词搜索展示页面的排名
	展现量	广告的展现量
	投放范围	广告面对的投放人群
	展现成本	广告每曝光一次需支付的费用
用户点击广告的次数	点击量	用户点击广告的次数
	每点击成本	广告每被点击一次需支付的费用
用户到达着陆页阶段	到达率	用户点击广告后到达目标网站的比例
用户浏览网站内容阶段	跳出率	只访问了一个页面就离开的用户比例
	黏度	单位时间内用户平均浏览的页面数
	深度	用户浏览目标网站的层级数
用户产生转化或消费阶段	销售额	用户通过广告购买产品或服务的数量
	转化率	购买产品或服务用户与到达目标网站用户之比

对照图表,新媒体广告人员只需将搜索引擎广告投放过程中每个阶段需调查的指标数据清晰、明确地呈现出来,就能够一目了然地知晓广告投放结果,便于对指标数据进行分析,制订有针对性的改进策略。

3.4.6 评估指标分析

对评估指标进行分析,可根据以下搜索引擎广告投放过程的6个阶段展开。

3.4.6.1 用户搜索关键词阶段

在用户搜索关键词阶段，新媒体广告人员可依据关键词的日均搜索量判定搜索引擎广告的大致展现量，了解关键词的设置是否合理。若关键词的日均搜索量很低，广告获得展现的机会就较少，则需要及时对关键词进行优化。

3.4.6.2 广告获得展现机会阶段

在广告获得展现机会阶段，新媒体广告人员需根据广告排名、展现量、投放范围来判断广告会被多少用户看见。广告排名越高、展现量越大、投放范围越广，意味着看到该广告的用户越多。对于采用CPM和CPC广告计费模式付费的广告来说，需要对展现量进行控制，以控制每次展现的成本。

3.4.6.3 用户点击广告阶段

在用户点击广告阶段，新媒体广告人员工作的重点是计算点击率，即根据广告的点击量，计算点击量与展现量的比例。点击率越高，说明关键词越吸引用户，反之则说明关键词可能需要优化。

通常情况下，搜索引擎广告会采用CPC广告计费模式付费。新媒体广告人员还需评判广告费用是否在可承受范围内。

3.4.6.4 用户到达着陆页阶段

在用户到达着陆页阶段，新媒体广告人员需评估到达率，即用户点击广告后到达目标网站的比例。到达率越高，说明广告内容越吸引用户，反之则说明广告内容可能需要优化。

3.4.6.5 用户浏览网站内容阶段

在用户浏览网站内容阶段，如果广告评估指标呈现"低跳出率、高黏度、高深度"的状况，表明用户对目标网站很感兴趣，愿意继续浏览，能够从目标网站获取有价值的信息。

3.4.6.6 用户产生转化或消费阶段

让用户产生消费行为是投放搜索引擎广告的最终目的，这几乎决定了广告效果。转化率越高，表明本次广告投放的效果越好。

思考与练习

1. 搜索引擎广告的关键词选择策略是什么？
2. 搜索引擎广告的投放效果如何评估？
3. 搜索引擎广告的竞价策略是什么？

3.5 搜索引擎广告项目实训：百度

3.5 项目实训

第 4 章

新媒体广告之移动App广告

移动App与移动App广告概述

移动App广告的六大类型

移动App广告的设计运营

移动App广告的投放策略

本章习题

学习目标

4.1　移动 App 概述

4.2　移动 App 广告概述

4.3　移动 App 广告的设计运营

4.4　移动 App 广告的投放策略

4.5　移动App广告项目实训：支付宝

　　移动App广告是新媒体广告中的重要一环，其具有许多独特的特点和优势。首先，移动App广告能够以多种形式呈现，包括横幅广告、插屏广告、原生广告和视频广告等，满足不同广告主的需求。其次，通过精准的定向投放功能，广告主可以将广告内容准确地展示给目标受众，提高广告的转化率和效果。此外，移动App广告注重用户体验，力求以非干扰性的方式展示广告，并与App内容相符，提供良好的用户体验。同时，通过数据分析和追踪，广告主可以深入了解广告的表现，优化投放策略和广告内容，提高广告的效果和回报率。本章主要讲解移动App与广告传播、移动端新媒体的特征及App新媒体广告的表现形态、价值、运作方式等知识。

4.1 移动App概述

4.1.1 移动App概念

移动App是指通过预装、下载等方式获取并在移动智能终端（如智能手机、平板电脑）上运行、向用户提供信息服务的应用软件。用户通过应用商店下载或更新App就能使用开发商提供的产品或服务。常见的应用商店包括华为公司的应用市场、苹果公司的Apple Store、小米公司的应用商店等。

移动App的出现，一方面简化了用户获取信息的路径，便于用户在移动状态下操作；另一方面，每个App通常主要提供一种专业服务，专业化程度高，能够给予用户更优质的使用体验。移动App功能多样，风格、定位也不尽相同。

4.1.2 App的分类

随着移动互联网在国内的快速发展，智能终端设备在人们的日常生活中越来越普及，搭载在手机和平板电脑上的App得到了大力发展，各种App层出不穷。那么，目前市面上有哪些类型的App呢？

4.1.2.1 按功能分类

App有很多种。按照它的功能，可以分为社交类、资讯类、游戏类、购物类、工具类等几大类，如表4-1所列，具体如下。

表4-1 App按功能分类

分类	功能	代表App
效率办公类	帮助用户处理工作相关事宜，使工作更高效	WPS、Office、钉钉、企业微信
通信社交类	提供即时通信，帮助用户进行网络社交	微信、QQ、微博
娱乐消遣类	提供搞笑的视频、图片或直播，供用户观看	抖音、快手、哔哩哔哩
视频音乐类	提供视频、音乐内容，供用户获取	网易云音乐、优酷、腾讯视频
生活实用类	实用小工具，旨在为用户的生活提供一些小帮助	墨迹天气、万年历、手电筒
摄影美图类	可以拍摄和美化照片或视频	美图秀秀、轻颜相机
新闻阅读类	提供新闻、小说等文章供用户阅读	搜狐新闻、京东读书
电商购物类	提供在线购物与消费服务	手机淘宝、京东、当当
金融理财类	提供理财等金融服务	支付宝、各大银行App
旅游出行类	提供在线预订、实时导航等外出可能涉及的服务	高德地图、携程旅行、滴滴

（1）社交类App。拥有社交网络功能，如新浪微博、微信、QQ等。用于满足用户在网络平台上的社交分享需求。

（2）资讯类App。这类App属于新开发的网络媒体，主要功能是向用户传播信息，如今日头条、搜狐新闻、一点资讯、腾讯新闻等。

（3）游戏类App。搭载在智能手机上的网络游戏给用户带来的体验颠覆了传统游戏行业，因此手机游戏成为企业利润的重要组成部分。这类App包括早期的愤怒的小鸟、忍者水果，以及如今的开心消消乐、疯狂跑酷、欢乐斗地主等。

（4）购物类App。作为近年来快速发展的行业之一，电商的特点是网购用户越来越多，尤其是使用手机购物的网民越来越多。这类App主要包括淘宝、京东、唯品会、拼多多等手机App。

（5）工具类App。现代智能手机与传统手机较大的区别在于，它不仅仅是通信工具，它提供的服务范围和额外的功能已经渗透到人们的日常生活中。人们可以随时随地听音乐、看电影、上网、购物、打车等，这些功能极大地方便了人们的生活。本类App主要包括高德地图、墨迹天气、腾讯视频、美图秀秀等。

4.1.2.2 按载体划分

App按载体可以分为两类：Web App和移动App。

（1）Web App。Web App是指需要在PC浏览器上加载运行的软件，由浏览器程序语言和页面浏览器操作。Web App不需要特殊的下载，只需要点击网页上的在线加载，就可以在原网页上获得更多的功能。

（2）移动App。移动App是运行在智能手机、平板电脑等移动智能终端上的各种应用程序。随着各类移动智能终端设备的普及，移动App已经成为应用程序的主流。与Web App相比，移动App的运营范围要广泛得多。

思考与练习

1. App按功能分类有哪些？
2. App按载体分类有哪些？

4.2 移动App广告概述

移动App广告又称In-App广告，是指将广告主的商品或服务信息投放到移动App上的广告。随着移动App市场的繁荣，移动App广告位经历了从无到有的发展过程。早期新媒体广告人员通过将移动App广告与传统媒体广告类比的方式，让广告主迅速熟悉。例如，将开屏广告比喻为杂志封面，将信息流广告比作报纸的头版、第二版、第三版等。

如今，广告主不断增加在移动端的广告投放，行业广告主需求旺盛，品牌广告主预算增加。同时，动态图片广告、视频广告等更加丰富的广告形式出现，为移动端提供了更广阔的广告空间。

4.2.1 移动App广告的类型

移动App广告主要分为六大类型。

4.2.1.1 品牌冠名型广告

品牌冠名型广告可细分为两类：一类是冠名广告；另一类是品牌定制App广告。

（1）冠名广告。冠名是一种特殊的广告形式，一般是指企业为了提升其品牌知名度和产品影响力而采取的一种阶段性宣传策略。顾名思义，移动App冠名广告，就是广告主在一些移动App上投放自己的品牌广告。

（2）品牌定制App广告。品牌定制App广告是广告主自己设计制作App，对企业品牌、产品或服务进行宣传的广告。这类App通常具有特殊用途，代表品牌形象，对促进产品销售、扩大品牌影响力具有直接作用。

4.2.1.2 开屏展示型广告

开屏展示型广告可细分为4种类型，即开屏广告、插屏广告、横幅广告和公告广告。

（1）开屏广告。开屏广告是指在用户打开移动App时自动以全屏方式呈现的3~5秒的广告，具体表现形式包括静态图片、GIF图片和Flash动画等，具有视觉冲击力强的典型特点（图4-1）。

（2）插屏广告。插屏广告通常在视频类App或游戏类App中出现，当用户暂停使用时，屏幕上会出现插屏广告。插屏广告通常为静态图片和GIF图片，具有尺寸较大、视觉冲击力强、容易被用户点击等特点（图4-2）。

（3）横幅广告。横幅广告（Banner）几乎存在于各种新媒体平台。它从形式上分为静态横幅、动画横幅、互动式横幅等，从内容上分为纯图片横幅、纯文字横幅或图文结合横幅。

（4）公告广告。公告广告也称为App活动广告，常见于电商类或社区类App的首页。公告广告能够不断滚动播放广告信息，给予用户一定引

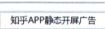

▶ 图4-1 知乎开屏广告

▶ 图4-2 插屏广告

导，通常以低价、好物等词汇吸引用户点击进入（图4-3）。

4.2.1.3 内容植入型广告

内容植入型广告常见于社交类App及资讯类App中，一般出现在信息流固定位置中，也被称为信息流广告。常见的移动App广告内容植入方式有4种（表4-2）。

表4-2 常见的移动App广告内容植入方式

内容植入方式	释义	案例
视觉替换类植入	将产品或品牌植入娱乐游戏类、社交、工具类移动App中	将唱吧等娱乐类App应用中"送礼""打赏"等元素替换为品牌内容
栏目植入冠名	选择符合品牌特点的移动App进行品牌推荐、品牌提示，提升用户对品牌的好感度	大众点评App冠名不同类型的餐厅排行
行动顺应	用户在查阅信息时，除了向其提供信息资讯，还可提供"一键购买""一键获得"等服务，实现用户行为有效顺应	用户对汽车类App中的"一键试驾"功能产生兴趣，就能立即联系离自己最近的经销商
专项活动策划	依据某类App的特征，借助社会热点话题，展开专题活动策划，体现品牌理念	知乎与中国汽车工业协会联合举办"2020中国汽车论坛"

▲ 图4-3 公告广告

4.2.1.4 搜索排名型广告

搜索排名型广告常见于具有搜索引擎服务的App上，与搜索引擎广告类似。

4.2.1.5 地理推荐型广告

地理推荐型广告通常被称为LBS广告，即基于位置服务（Location Based Service，LBS）广告，是指通过移动运营商的无线通信网络或外部定位方式（如地理信息系统）获取移动终端用户的位置信息，在地理信息系统的支持下，为用户提供相应服务的一种广告。该广告的达成需要两个条件：一是确定用户所在的地理位置；二是提供与位置相关的各类信息服务。

4.2.1.6 功能榜单型广告

功能榜单型广告是指对特定领域内的品牌、产品或服务信息进行排序形成的广告，排在前列的广告更能受到用户关注。

4.2.2 移动App广告的特点

移动App广告主要有以下四大特点。

4.2.2.1 到达泛在化

随着科学技术的不断发展，各种实用性强、操作便捷的App进入了人们的视野。移动App广告针对的是移动用户群体，这些用户分散在不同的地方，有不同的关注点和兴趣需求。移动App广告能够提供不同时间、不同地点、不同场景的广告，只要用户打开App就可以直接接收广告。

移动App广告相较于其他广告来说，更多占据的是用户零碎的时间，如进入App首页的前几秒，追剧暂停页面的时刻等，所以不会让用户产生时间压力。移动App广告会在短时间内吸引用户注意力，短时间、多次重复记忆，让用户对广告形成较为深刻的印象。

4.2.2.2 投放精准化

基于大数据支撑，移动App推送技术可以帮助企业进行精准的广告投放。移动App广告的精准化投放主要表现在以下3个方面。

（1）移动App具有鲜明的个人属性，用户会根据生活、工作、娱乐需求下载不同的App。用户下载App后，平台通过用户协议与用户建立关系，用户的个人信息和使用应用的相关信息会被移动App平台掌握，平台在此基础上分析用户需求，进行广告精准推送。

（2）移动App平台推出横幅广告、开屏广告、通栏广告、插屏广告、推荐列表、视频广告等形式的广告，满足不同广告主的需求。广告主可以在不同的移动App上选择各种形式的投放方式，结合自己的广告内容，形成最优搭配，扩大展示量和覆盖面。

（3）移动App的定位服务功能能够通过对用户定位分析用户的移动模式，从而设置场景化的商业广告推送，更容易触达目标用户。

4.2.2.3 传播社交化

广告的社交化传播，是指将关注、分享、沟通、讨论、互动等社交化的元素应用于广告传播过程的现象。移动App广告可以投放在社交软件上，以增强广告传播的社交化。移动App平台利用技术和微信达成合作，很多移动App设置了微信小程序版本，以此在微信中以各种形式推广，微信搜索同时会整合小程序的相关信息推送给用户。微信还具有广告分享、产品链接分享的功能，当用户接收他人的分享、产生购买的欲望时，可以点击获取的链接直接购买。

> **思考与练习**
>
> 1. 移动App广告有哪些类型？
> 2. 移动App广告的特点是什么？
> 3. 内容植入广告在移动端的表现有哪些？

4.3 移动App广告的设计运营

4.3.1 移动App视角下的广告价值

4.3.1.1 移动App用户激增

随着科技的发展，计算机技术也在发展，网络现在每家每户都已经开始普及。在计算机发展的环境下，各大企业开始向线上发展，而且更多的线上企业形式迅速崛起，形成了网络市场丰富繁多的现象。由于网络的发展及无线网和5G的无限制使用，各大电子商务企业纷纷崛起，App应用也不断完善，并且拥有巨大的用户使用量。这无疑为移动App广告的投放提供了优越的环境。

4.3.1.2 移动App支持广告投放

各大线上企业应客户的需要发展了移动App，给广大用户带来了丰富的使用体验，不断有更多的用户参与其中，给移动App发展带来了巨大的成就和盈利的源头。移动App的开发者想要赚取更大的利益，则与其他企业合作，需要其投放移动App广告，为广告主提供了更大的平台、更新的营销方式，二者双赢。所以移动App广告的投放量迅速增加，有远超传统媒介的趋势。

4.3.1.3 移动App提供创新模式

传统广告大多是以平面的形式展现，此外还有广播广告、视频广告、户外广告，但是这些广告形式成本比较高，形式传统、单调，没有创新模式。而移动App的广告形式比较创新，且丰富多样，容易激发客户的兴趣，更容易被用户接受。移动App广告与智能手机、平板电脑相结合，多方面展现，与各种游戏或者节目相结合，为广告受众提供了强烈的目击感和现场感，具有更大的创新潜力。

4.3.2 广告主视角下移动App的广告价值

从广告主的视角来看，移动App具有以下几个方面的广告价值。

4.3.2.1 巨大的用户基础

移动App在全球范围内拥有庞大的用户基础。通过在移动App上投放广告，广告主可以获得广泛的曝光和触达大量潜在用户的机会。

4.3.2.2 精准的定位和个性化推荐

移动App通常收集并分析用户的行为数据、兴趣偏好和地理位置等信息，可以进行精准的定位和个性化的广告投放。这意味着广告主可以更好地将广告内容和目标受众匹配，提高广告的效果和转化率。

4.3.2.3 丰富的广告形式和创意

移动App提供了多种多样的广告形式，如横幅广告、插屏广告、原生广告、视频广告等。这些不同形式的广告可以根据广告主的需求和目标进行选择，以呈现吸引人的创意和丰富的用户体验。

4.3.2.4 强大的互动性和转化潜力

移动App具有强大的互动性，用户可以直接与广告进行互动，点击广告链接或下载App等。这为广告主提供了转化用户、推动销售和增加品牌互动的机会。

4.3.2.5 数据分析和效果追踪

移动App广告平台通常提供详细的数据分析和效果追踪工具，广告主可以实时监测广告投放的效果和回报。通过分析关键指标和用户行为数据，广告主可以优化广告策略、精确投放和改进广告内容。

总的来说，移动App作为一个广告平台具有广告主视角下的巨大潜力和价值。通过在移动App上投放广告，广告主可以实现精准定位、个性化推荐、丰富的广告形式、互动性和转化潜力，并借助数据分析工具实时追踪广告效果，从而提升品牌知名度、销售业绩和用户参与度。

4.3.3　通过自有App进行广告营销的策略

4.3.3.1　注重App的功能、关注用户体验

企业App不仅是手机上的展示企业形象的工具，还要告知受众自身的主营业务和旗下产品，结合用户体验来开发运营App。企业在开发自有App时，首先要对目标用户群体进行多方向、多角度的定位，明确他们的核心需求，然后与市场定位相结合，明确App的传播目的和营销目标，根据这些来开发定制App。企业必须合理地开发App的功能，并且对这些功能进行整合提炼，用完美的用户体验来充分感知用户的需求。一款功能全面、内容精炼、交互设计动作顺畅的App，应包括用户使用此App时可能需要及相关度较强的所有功能，并且关注用户在界面设计、内容设置和注册程序等细节上的使用心理，力争实现完美的用户体验。利用不断发展的技术来提供创意，进而丰富用户体验则是时代发展的要求。只要技术支持，可以针对同一种功能设计出不同的创意展现形式。一个好的创意能够给消费者带来震撼，产生深刻印象，提升对品牌的好感。现在很多手机App经常会不定期更新，有很多更新内容就是对创意功能的更新，如调整功能布局、美化界面、加入人性化功能、简约和丰富功能等。这些在很大程度上都是为了用创意来丰富用户的使用体验。只有基于对用户需求的充分感知才能有效地提升用户对手机App的黏度。

4.3.3.2　注重提高和维护用户黏度

在利用企业品牌App进行营销的过程中，需要耗费很多时间去树立企业形象，逐渐形成消费者对企业产品的深刻印象。企业利用App营销时，不能只是单纯地宣传品牌、推销产品，还要与客户长期保持沟通，建立信任，使消费者对App产生依赖感，即形成用户黏度。用户黏度是成功营销的基础，提高用户黏度需要对用户的心理倾向和使用习惯有足够的数据支撑，同时也要分析他们对营销信息的接受能力。智能手机用户表现了明显的互动特征，各种即时通信、社交类App的火爆也充分体现了这点。这表明用户是需要互动的，企业可以利用互动来了解和激发用户兴趣。而准确地把握时机、选择过渡点则是在App某些功能商业化时，减少用户流失，保持用户持久依赖的明智选择。比如微信平台在朋友圈试水推出Feeds信息流广告时，声称依然将用户体验放在第一位。第一批广告的发出时间定为周末晚上的九点左右。此时的用户一般处于繁忙工作后的休息时间，无聊地刷着朋友圈，对朋友圈消息的新鲜感包容度最高，相应对广告的接受程度也最高。加上微信在前期的宣传中声称用户收到的Feed广告是根据大数据匹配的，很多人已经是满怀期待地想知道自己这样的用户会收到什么样的广告。

4.3.3.3　应注重营销策略与用户体验相结合

移动App作为传统网站营销的有力补充，贴心又充满人性化的服务是其本质优势。比如，可以让用户自主选择想要的服务类型，这样更加人性化，更加贴近用户自身的需求，对App获得的认同感也就更大。网站移植模式的App营销更适合年轻的消费群体，企业可以经常性地推出各种各样、丰富多彩的活动形式，来吸引用户参与和体验产品，并促进用户进行分享。这样就可以在活动中沟通品牌调性，传播品牌理念，接受品牌的软性营销。企业应该适时尝试利用最新的技术，努力开发出更先进的营销形式，让技术为创意服务。

4.3.4 借助他人App进行营销的改进策略

4.3.4.1 选择关联度和热门度高的App

在App营销活动中,由于直接的物质载体就是App,这就决定了选择一款合适的App是非常重要的。第3章分析了影响App营销价值的几种因素,也总结了有营销价值的App类型,但在数量庞大的软件市场上,选择什么样的App才能与目标消费者更接近,才能承担企业的营销任务,这是值得企业深入思考的。在选择合作的App时,要综合衡量两个方面——关联性与热门性。企业负责营销的人员应当首先明确营销目标,确认目标用户,分析他们会使用什么类型的App,并且找到匹配目标受众属性的App,同时尽量选择热门度较高的App。假如选择的这款App下载量较大、注册用户较多、网友口碑较好,且是目标用户每天使用最多的应用,那么此次App营销便已经有成功的基础了。

4.3.4.2 契合目标用户的功能选择、使用时间与空间的偏好

功能选择偏好是决定用户会使用哪种App最大的影响因素,不同的功能偏好会引导用户使用不同的App,而企业只有对用户的功能偏好有充分的了解,才能打下良好基础,在源头上不犯错误。否则,即便企业选择的App非常有人气、非常火爆,但是也没机会接近目标用户。同样,广告主需要了解目标受众的使用偏好、使用习惯,尤其是在使用时间和使用空间上的偏好,并根据受众的使用情况做出及时而有针对性的调整。在时间的使用上,智能手机的用户有很大一部分是学生,他们每天使用手机的时间超过了5小时,而且在夜间使用的频率会更高。

另外,超过半数的智能手机用户在入睡前会使用App,在外出、停顿和空闲时也会使用App,超过3/4的用户每天会使用1~3小时的App。同时,因为手机的便携性,使得使用智能手机的地点非常广泛,几乎覆盖了一个人从早到晚的活跃位置,包括从家到交通工具、公共场所、户外等。

4.3.4.3 个性化、精准化投放

现如今,结合LBS技术(基于位置的服务技术)所进行的个性化、精准化的投放,可以让广告直达目标客户,准确地将企业的营销理念传达给准客户,效率更高、效果更好、浪费更少。同时,根据对同一个终端用户之前的购物习惯和消费状况的判断,广告商可以得出用户的爱好、需求及他当前的定位等,这样广告的投放就可以更准确地实施。随着地图和与位置有关的App越来越多,通过LBS技术所进行的精准的个性化的投放也逐渐增多。LBS技术拥有着精准的定位功能,对接用户的位置和需要,影响人们的消费选择。如果App广告的投放能够建立在用户的实际需求之上,在用户搜索某一位置周边相关的信息时,为其提供相关方面的广告,便可以减少人们对App广告的排斥心理,迎合用户兴趣,广告可以立即转化为用户所需要的实用的信息,快速地把广告信息转化为消费行为。如前面提到的,对于一个刚下车到一个陌生的城市、吃穿住用行都希望得到帮助的用户,如果使用了手机上的团购和地图软件,定位到当前位置,就能搜索出附近的酒店、餐馆、休闲娱乐场所等内容的话,则将提高用户选择这些商家的可能性。如果企业在用户浏览相应的页面时,推送宣传其优惠信息的广告,或在地图上标记出某饭店的优惠和团购信息等,便能有力地吸引用户选择这家饭店。在用户主动利用定位系统进行搜索时,商家及时地推出符合用户搜索信息的广告来吸引消费者的关注,这种行为才能够达到用户和企业的双赢。

4.3.4.4 增强App广告的创意和互动

广告是一种商业和艺术审美相结合的大众传播活动。创意是广告的灵魂,广告的创意可以大幅度提升广告的感染力,令受众印象深刻,进而能更好地说服受众购买本产品。加强App广告的创意设计可以使App广告实现玩乐在其中,让人们在轻松的休闲娱乐中认同广告产品,激发人们对App广告的好感与认可度,会起到事半功倍的效果。

> **思考与练习**
>
> 1. 移动App的广告价值是什么?
> 2. 移动App在广告主视角下的价值是什么?
> 3. 自营App和借助他人App营销的策略各是什么?

4.4 移动App广告的投放策略

4.4.1 了解移动App实现广告精准投放

每个用户的时间都是有限的,因此每个用户常用的App通常不超过10个,如果某款App的用户数量过亿,那么这款App算得上是超级App。尽管每个用户重点使用的App不尽相同,但几乎所有用户都会使用以下5类App,了解这些移动App,明确各种类型的App适合投放哪些广告,是新媒体广告人员需要掌握的基础知识。

4.4.1.1 新闻资讯类App

新闻资讯类App主要提供新闻浏览、搜索服务,包括网易新闻、搜狐新闻、今日头条等App。下面以今日头条App为例,对新闻资讯类App的广告投放进行分析。

QuestMobile(北京贵士信息科技有限公司)数据显示,截至2022年12月,今日头条App月活用户达3.2亿人,日活用户达1.8亿人,用户人均单日使用次数达到18次,领跑行业同类App。在今日头条App上,新媒体广告人员可投放开屏广告、信息流广告、详情页广告等多种类型的广告;广告形式也多种多样,支持图片、视频等广告。由于新闻资讯类App的男性用户通常较多,所以金融、通信、汽车等行业的广告投放在新闻资讯类App上效果更好。

4.4.1.2 移动视频类App

移动视频类App包括长视频平台和短视频平台两种。长视频平台通常提供时间较长的影视剧资源,短视频平台通常提供时长较短的娱乐资源。截至目前,移动视频类App的流量非常可观,用户群体规模非常大。在移动视频类App中,常见的广告类型包括植入广告、贴片广告等。

由于移动视频类App的用户使用App的主要目的是娱乐,以年轻人为主,因此在移动视频类App上通常适宜投放零食、服装、化妆品等快消品的广告。

4.4.1.3 工具类App

工具类App通常能提供某种服务，如深受广大用户喜爱的万年历、墨迹天气等App。为了预知天气状况，用户几乎都会使用手机自带的天气预报App查看，这也是用户使用频率较高的App类型。2022年12月，QuestMobile发布了中国互联网2021年度荣誉榜单，评选出年度各个赛道内领先的互联网产品，墨迹天气以1.47亿人月活用户荣获"用户规模No.1"大奖。墨迹天气的用户主要以中年及以上人群为主；在性别上，男女比例为3∶2；在地域分布上，主要集中在人口多、人员流动大的省份。根据这些特征，可以分析出墨迹天气等工具类App适合投放棋牌类、服装类、地图导航类广告。

4.4.1.4 娱乐、社交类App

娱乐、社交类App如微博、微信、美图秀秀等，这些App蕴藏着巨大的广告价值。当智能手机越来越普及时，人们的娱乐、社交方式几乎都转变到手机上，在这类App上投放广告，被用户看见的概率更大。

由于娱乐、社交类App通常年轻人使用较多，且内容呈现碎片化、娱乐化特征，因此也比较适合在这类App上投放快消品的广告。

4.4.1.5 基于位置服务类App

百度地图、美团、闲鱼等与地理位置关系密切的App，也是目前投放移动App广告的良好选择，原因如下。首先，运用LBS技术的App不仅能够准确定位，还能掌握更多用户数据，因为用户会随身携带手机，信息的准确度高，所以对当地用户具有更强的推广作用。其次，用户可以通过手机进行线上支付，解决广告主在销售环节遇到的问题，广告的转化率较高。最后，这类App提供的服务多样，能够满足用户的多样化需求，用户的使用频率较高。在提供基于位置服务类App上，通常更适合投放本地的教育培训类、餐饮服务类、酒店类、影院类、周边出游类广告。

4.4.2 掌握程序化购买方法

在移动互联网时代，传统的广告投放方式暴露出许多弊端，无法适应当前的市场发展趋势。此时，成本更低，投放更简单、更精准的广告投放方式——程序化购买应运而生。几乎所有的移动App广告都支持程序化购买。

程序化购买（programmatic buying）是基于自动化系统（技术）和数据进行广告的交易和投放管理。移动营销市场的高速发展为程序化购买广告提供了便利条件。在用户定位、识别上，移动端丰富的营销形式和程序化购买良好结合，形成了新发展阶段数字营销的创新价值。程序化购买以其独特的优势满足了广告主的需求，同时也更好地迎合了互联网市场的需求，以其覆盖平台广、目标精准和以大数据为支撑的3个优势，成为目前移动App广告投放的主流方式之一。

4.4.2.1 覆盖平台广

程序化购买能够覆盖大部分移动App，如微博、微信等。传统交易平台与广告主之间的壁垒被打破，越来越多优质资源可以自由出入。

4.4.2.2 目标精准

传统的广告投放模式是借助报纸、杂志、电视、广播等传统媒体，通过购买媒体位置或时段（包括插播等）实行广告投放。即使广告主在投放广告时进行了细致分析和谨慎思考，选择了一些目标用户经常浏览的媒体，但大部分广告信息还是推送给了对广告不感兴趣的用户，既浪费了资金，也没有实现精准投放。

而程序化购买能有效解决这一问题。利用投放给"特定属性的人群"取代购买"媒体位置"，意味着新媒体广告人员可以通过精确分析，自主选择目标对象，从而实现精准投放。

4.4.2.3 以大数据为支撑

程序化购买的蓬勃发展离不开大数据的支持。无论是传统型企业还是创新型企业，在实施程序化购买时，都需要通过大数据平台制订一个长期的战略决策。例如，建立数据库，以此收集和分析数据，充分利用有用的数据，摒弃无用的数据，最终为用户创造价值，增强广告创意感。

4.4.3 移动App广告投放效果评估

所谓广告效果，是指新媒体广告人员通过媒体传播广告之后，目标用户所受到的影响。广告效果评估（Advertising Effectiveness Test，AET）对新媒体广告人员成功设计出广告、有效运用广告费、提升产品/品牌形象、拉动销售等都具有重要的意义。由于移动App广告的投放范围非常广，在评估时，新媒体广告人员首先要明确希望通过此次评估解决哪些问题。

广告效果评估能帮助新媒体广告人员解决以下问题。

（1）目标消费者的媒体接触习惯是怎样的？
（2）目标消费者最容易接触的媒体类型是什么？
（3）同类型媒体中哪个媒体的广告投放回报率最高？
（4）广告创意是否符合目标消费者的欣赏习惯？
（5）广告投放安排是否合理？
（6）广告投放效果如何？是否达到预期效果？……

4.4.4 移动App广告效果评估指标

广告界有一个广告效果测量模型——AIDA模型，如图4-4所示。该模型对移动App广告投放效果评估的意义在于，帮助新媒体广告人员明确广告效果不是一个含混的概念，它可以分解出不同的层次。新媒体广告人员在考察某一次广告活动的效果时应该分别测量广告是否或在多大程度上引起了用户的"注意"，激发了他们的"兴趣"，刺激了他们的"欲望"，改变了他们的"行为"或者"行为意向"。

在图4-4这个模型中我们可以发现，最底层也是最重要的部分是引起用户的注意。但很多时候，由于广告位置欠佳、广告色彩暗淡等，广告并不能真正被用户看到，所以也就无法产生效果。判断广告是否真的被用户看到，用

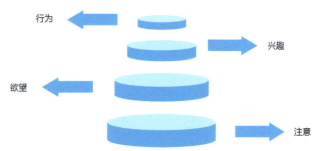

▶ 图4-4 AIDA模型

户看到后是否产生了欲望、兴趣或行为，可以从表4-3中的指标出发。

表4-3 判断广告的指标

数据类型	具体指标	释义
展示数据	展示数	广告展示数
	点击数	广告点击数
	点击率	点击数÷展示数×100%
	平均点击单价	总花费÷点击数
	平均千次展现费用	点击率×出价×1000
	总花费	广告投放消耗额
转化数据	转化数	下载完成数、表单提交数、电话拨打数、激活数等
	转化成本	广告消耗÷额转化数
	转化率	转化数÷点击数×100%
互动数据	收藏数	广告被用户收藏的总次数
	评论数	广告收到的总评论数
	转发数	广告被转发的总次数

思考与练习

1. 请详细说明App广告投放如何。
2. 移动App效果投放从哪几方面评估？

4.5 移动App广告项目实训：支付宝

4.5 项目实训

第5章

新媒体广告之微信广告

微信概述

微信广告概述

微信广告的运作

学习目标

5.1 微信概述

5.2 微信广告概述

5.3 微信广告的运作

5.4 微信广告的投放策略

5.5 微信广告项目实训：罗莱家纺

微信广告的投放策略

本章习题

　　微信广告是新媒体环境下基于微营销理论视野运营的广告新模式，载体是伴随智能手机的广泛使用而开发的即时通信软件。在微信广告的实际运用中，"微内容"成为连接现实与虚拟人际关系的关键要素，也是认知微信广告传播价值的重要因素。微信广告的推出与流行是基于微营销理论视野下广告新模式的一种大胆尝试，主要包括微信朋友圈广告、微信公众号广告、微信小程序广告。本章主要讲解微信与广告传播、微信广告的特征及微信新媒体广告的表现形态、价值、运作方式等知识。

5.1 微信概述

随着数字化进程的不断加快，数字经济迅速发展，微信（Wechat）作为一种社交手段已经逐渐实现了对国内移动互联网用户的大面积覆盖，借助微信网络信息平台，可以实现信息交流、广告发布等。

5.1.1 微信的发展与功能

微信是腾讯公司推出的一款社会化媒体产品，支持用户间进行跨通信运营商、跨手机操作系统平台的文字、图片、语音、视频等形式的信息传收。它既可以实现点对点的交流，也可以在朋友圈进行信息分享，同时支持分组聊天、点对面传播等。微信将人机传播、群体传播、大众传播等聚合，实现了三者的无缝链接和全面贯彻。

依托腾讯QQ已有的用户基础，微信自2011年1月上线便呈现出快速发展的态势。2012年3月29日，距首发日仅14个月的用户数量即达1亿；在接下来的六个月内，用户数又实现了1个亿的增长；至2013年12月15日，增长1亿用户的时间已缩短至4个月。截至2017年9月底，微信的月活跃用户已达9.8亿。作为即时通信应用的一种，截止到2016年12月，微信在中国用户中的整体使用率达92.6%，直接带动信息消费1742.5亿元，同比增长26.2%。在公众号方面，2013年微信公众号数量为201万个，至2017年微信公众号已超2000万个。依据腾讯旗下的企鹅智酷发布的《2017微信用户&生态研究报告》，微信整体关系链已进入稳定期，微信好友中的"泛好友"越来越多，关系链由强关系链条链接的家人、好友的范围向弱关系联系的泛工作关系网络延伸。微信的发展历程如下。

（1）移动即时通信（IM）阶段。微信上线之初的核心功能是"即时通信"，进行点对点的信息传递，实质上只是将信息传播渠道由原来的移动通信网络迁移至移动互联网络。微信1.0版本只能发送文字和图片信息，随着之后功能的增加，信息符号形式更加多元化，呈现多媒体化特征。

（2）移动社交发展阶段。2011年，微信又推出了2.0版本，语音对讲成为微信区别于其他即时通信工具的重要功能之一。之后的微信2.5版本和3.0版本引入了社交元素，使微信具备了社交属性。新增的"查看在附近的人""摇一摇""漂流瓶"等功能在基于通信录的熟人社交之外，补充了匿名、随机社交属性，增加了社交的趣味性。

（3）平台化阶段。2012年5月，微信发布4.0版本，新增了朋友圈和API（应用程序接口）接口。API接口开放后，微信支持用户从第三方应用向微信通信录里的朋友分享音乐、新闻、美食、摄影等消息内容，从而进一步增加用户之间的互动，同时API接口的开放使得微信在将来能够成为一个强大的移动应用平台。同年7月，微信公众平台开始内测，使得微信迈向了平台化。

（4）移动互联网入口发展阶段。2013年8月，新增了"表情商店""扫一扫""游戏中心""微信支付"等功能的5.0版本推出。微信支付加上微信集成的大量线下服务接口使得微信成为移动互联网重要的流量入口。通过微信钱包，人们可以实现手机充值、购买飞机票、进行生活缴费等各类生活服务功能。

（5）构建微信生态阶段。自6.0版本问世以来，微信版本的更新速度虽然放缓，但是微信的发展已逐渐从平台搭建转向更高一层的生态构建阶段，即培育一个森林、一个环境，让所有的动植物从里面自由生长出来，而不是微信自己把生态系统里面的每一块都做了（图5-1）。

▶ 图 5-1 微信版本的演变图

5.1.2 微信的营销价值

5.1.2.1 对规模化用户生活方式的重塑

微信拥有极为可观的用户规模，至2023年3月，微信的月活跃用户已达10.5亿。由于微信构建的是基于熟人关系链的"强关系"网络，故而相较于微博等其他新媒体，用户的黏性较高。并且随着微信功能的不断扩展，微信与人们的日常生活产生了密切联系，甚至重塑了人们的生活方式，这使得作为社交入口的微信还可以是服务生活的入口，乃至融信息传递、需求对接、支付购买、反馈分享等于一体的"一站式"营销平台。

5.1.2.2 信息的富媒体呈现带来的营销创新可能

在微信平台，用户可以用融合了文字、语音、图片、动画、视频、超链接等多种表现元素的富媒体形式进行传播。基于这样的特性，近年来一些广告主和广告公司开发出H5、短视频、长图等多种创新的广告形式，吸引了很多用户的关注、分享，甚至还成为热点话题。

例如豆瓣H5广告《豆瓣，我的精神角落》（如图5-2）。豆瓣成立十年，以"我们的精神角落"这句品牌广告语开启了其品牌宣言。除了地铁全套平面广告之外，还推出了一组H5章节式解谜系列游戏。H5一共分为五章，通过强关联豆瓣的读书、音乐、社交等平台功能属性，巧妙结合人类五感：眼（感知）、耳（共鸣）、鼻（寻获）、嘴（分享）、脑（精神）等直观互动体验，来巧妙释放豆瓣这个对所有用户而言，10年来微妙且不可替代的存在价值。

▶ 图 5-2 豆瓣 H5 广告《豆瓣，我的精神角落》

5.1.2.3 基于数据挖掘和LBS技术的精准营销和场景营销

由于现实的生活已与移动互联网日趋融合，因此，如果在法律允许的范围内对这些数据加以一定程度的挖掘,即可为广告主提供精准的用户标签或全景画像,为精准营销提供支持。另外,微信中基于位置的服务(LBS)不仅能确定移动设备或用户所在的地理位置,而且能提供与位置相关的各类信息服务,其"附近的人""摇一摇""漂流瓶"等功能均是以此为基础。利用这一特性,现实的营销场景可复制到微信平台,广告主能更加便捷地识别、捕捉目标消费者,并及时提供定向服务。

5.1.2.4 圈群特征能增强营销的针对性和可信度

相互连通的微信公众号、朋友圈、微信群使微信具备了很强的媒体属性,方便广告主面向一个个社群或圈子展开一对多的营销传播。这些由用户根据兴趣、审美、价值、行业属性聚合而成的社群或圈子往往都特征鲜明、受众(粉丝)相似度高、受众(粉丝)对意见领袖比较信任,比如公众号"六神磊磊读金庸"聚集了一大批金庸迷,"毒舌电影"吸引了一众电影爱好者……面向这些社群或圈子进行营销会增强广告主营销信息的针对性和可信度,提高转化率。

> **思考与练习**
>
> 1. 微信的发展历程有哪几个阶段?
> 2. 微信的营销价值有哪几方面?

5.2 微信广告概述

现代广告产生于传统媒体,又伴随着媒体形态的发展而不断延展,经历了曝光性广告、植入式广告和交互式广告三种发展形态。在传统媒体的广告海洋中,广告市场的竞争处于超饱和状态。网络新媒体的出现对于广告商而言无疑又开拓了一片广阔的蓝海。其中,微信广告的产生是新媒体发展的直接产物。

5.2.1 微信广告的发展

微信广告是指在微信平台上进行的广告投放和推广活动。微信作为中国最大的即时通讯社交平台,具有庞大的用户基础和丰富的社交互动功能,为广告主提供了广阔的推广机会。以下是微信广告的发展趋势和特点。

(1)广告形式的多样化。微信广告提供了多种多样的广告形式,包括朋友圈广告、公众号广告、小程序广告等。广告主可以根据自身需求和目标受众选择适合的广告形式,并通过创意和内容吸引用户的关注。

(2)精准的定向投放。微信广告平台提供了丰富的用户数据和精准的定向投放功能。广告主可以根据用户的性别、年龄、地理位置、兴趣爱好等进行定向投放,以确保广告能够精准地触达目标受众,提高广告的效果和转化率。

（3）社交互动与口碑传播。微信广告与微信社交平台的紧密结合，使得广告具有更强的社交互动性。用户可以在广告上进行点赞、评论和分享，从而扩大广告的曝光和影响力。良好的口碑传播和用户参与度有助于提升广告的品牌认知和推广效果。

（4）数据分析与效果追踪。微信广告平台提供了全面的数据分析和效果追踪工具，广告主可以实时监测广告投放的效果和回报。通过分析关键指标和用户行为数据，广告主可以调整广告策略和优化投放效果，提高广告的ROI（投资回报率）。

（5）创新技术应用。微信广告持续引入创新技术和功能，提供更丰富的广告体验。例如，引入小程序广告后，广告主可以通过小程序与用户进行更直接、更具互动性的沟通和交互，提升用户体验和参与度。

5.2.2　微信广告的类型

5.2.2.1　微信自营广告

微信自营广告始于微信运行四周年的2015年1月21日，第一条是署名为"微信团队"的用户发布的六张带字的图片，文案分别为"它无孔不入""你无处可藏""不是它可恶""而是它不懂你""我们试图""做些改变"。这条朋友圈广告的右上角有"推广"两个字，点开左上角的链接后会出现一个图片，上面写着"广告是生活的一部分"。该广告是微信广告的自我宣传，宣告广告成为微信的一种商业模式（图5-3）。

▶ 图 5-3　微信自营广告

微信最初运作的广告均是典型的信息流广告，由文字和图片组成，点击下方的查看详情链接，可跳转到广告的落地页。另外，像普通的朋友圈内容一样，用户可对内容点赞、评论，微信好友间也能看到评论和点赞的内容。在发布此条广告后，微信团队表示会将用户体验放在第一位，此类广告的存续最终由用户来决定。在随后的运作过程中，除了对朋友圈中的信息流广告进行优化，微信团队又推出了公众号广告。2018年初，微信又开始在小游戏"跳一跳"中植入广告，进一步开发微信广告的种类（图5-4）。

5.2.2.2　微信朋友圈广告

微信朋友圈广告是以类似好友的原创内容形式在朋友圈中展示的广告，用户可以通过点赞、评论等方式进行互动，并依托社交关系链传播。此类广告主要包括图文广告和视频广告两种形态（图5-5）。

▶ 图 5-4　微信小游戏中植入广告

微信朋友圈广告以曝光量计费，曝光的单价或竞价购买的出价范围由广告投放地域决定，比如选择北京或上海投放，价格为140元/CPM，选择广州、深圳等重点城市投放，价格为90元/CPM。广告主的投放可选用排期购买或竞价购买两种方式：排期购买的特点是提前锁定曝光量，同时提前冻结账户里所预定排期的账户金额，CPM单价按刊例价执行，单次投放总预算5万元起，向所有城市开放且适用于所有类型的朋友圈广告；竞价购买指的是广告主设置投放时间及日预算（每日1000元起），通过实时竞价的方式与其他广告主竞争广告曝光，不过这一方式仅适用于图文广告形态且只向核心城市和重点城市之外的城市开放。

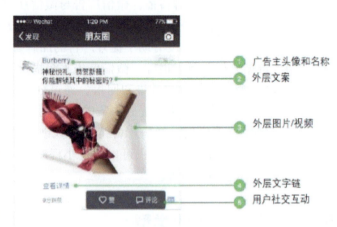

▲ 图 5-5　微信朋友圈广告

2015年1月22日，首批微信朋友圈广告"宝马中国""可口可乐""vivo智能手机"3个品牌的信息流广告上线，出现在不同用户的朋友圈，成为当晚热议的焦点。广告推出后，有网友戏称朋友圈广告的推送是基于用户的数据分析，"收到宝马广告是土豪，收到vivo广告是中产，收到可口可乐广告的是屌丝"等相关段子迅速传播，也有不少网友将广告截图转发，进行自我调侃，形成广告的二次传播，使得这次广告演变为一场网民的狂欢。

宝马中国在微信朋友圈投放的广告上线17h，直接的曝光总量接近4600万次，共获用户点赞、评论数量接近700万次，宝马中国公众号的粉丝增长了20万；vivo智能手机的微信广告的曝光量接近1.55亿次，用户点赞及评论行为数量多达720万次（图5-6）。

▲ 图 5-6　首批朋友圈广告

5.2.2.3 微信公众号广告

微信公众号广告是以微信公众号生态体系为基础，以文章内容的形式嵌入微信公众号文章。目前，假如一个公众号的订阅量超过5000人，运营者就可以申请成为微信"流量主"，将公众号中的指定位置（如文章页面底部）交给微信平台（以前是腾讯的效果广告投放平台广点通）统一管理，供广告主投放广告，而"流量主"则按广告的点击率获得收入。通过广告投放系统，广告主的广告会定向投放到那些标签、受众、文章与其较为匹配的公众号上面（图5-7）。

微信支持广告主与流量主在线上双向选择的公众号互选广告，这样广告主就能选择与自己品牌或目标人群更匹配的公众号投放广告，流量主也可选择与自己公众号调性相符的品牌及广告。具体操作时，流量主放出报价，同时承诺头条、二条文章的广告位（比之前的微信文章底部的广告位面积更大，而且位置在"阅读原文"的上方，看起来更像文章的配图而不是广告）完成多少曝光量。

▲ 图5-7　广告主的广告

假如广告主对某流量主有投放意向且该流量主也选择接单，则交易达成。流量主按约定发布文章，投放数据会及时呈现在交易平台。若是广告主投放的广告7天之后曝光数达到承诺的曝光量，则流量主获得全额广告收入，反之则按照实际曝光量的比例进行结算。

5.2.2.4 微信公众号运营的广告

与成为流量主依托微信广告系统发布广告的微信公众号不同，这类微信公众号自己撰写软文，设计和开发广告位，自行定价，直接与广告主进行线下交易。目前，选择自己运作广告的微信公众号通常都有数十万、数百万甚至千万级别的特征相似的粉丝，其文章的浏览量往往都是"10万+"。因为读者的深度关注及对公众号的较高信任，其广告的转化率（如App下载、公众号关注）较高。

若是再细分这些公众号的广告类型，大体可分为病毒广告和植入广告两类。前者是将广告本身变为大家愿意分享、易于分享的"病毒"内容，形式有长图广告、H5广告、视频广告；后者则是专门根据品牌或产品特点撰写软文，或者将品牌或产品信息植入到公众号的栏目、菜单之中，于是就形成软文广告、栏目冠名广告、菜单广告、金句冠名广告、硬广植入等类别。

5.2.2.5 病毒广告

病毒广告是在微信公众号上发布"病毒源"，即亲情类的、搞笑类的或励志类的广告内容，并通过微信用户的转发与分享，实现广告信息的大规模扩散，达到"病毒"式的传播效果。此类广告投入相对较低，借助社会网络传播机制传播，较易吸引人们的关注，且广告信息更易被受众接受。在前面提到的H5广告《穿越故宫来看你》就是一个很典型的病毒广告。又如百雀羚创立于1931年，是历史悠久的国民老品牌之一。为了重塑品牌形象以唤醒大部人的记忆并激活新一代消费者的热情，百雀羚以"年轻"和"关怀"等为诉求发布了一系列广告，典型的如长达427厘米的一镜到底广告《一九三一》（图5-8）。

这则长图由微信公众号"局部气候调查组"首发，几个公众号助推，掀起了转发分享的热潮，百雀羚也一度成为受众关注的焦点。其成功离不开以下三个方面。

（1）简单易懂、精致有趣、颇有悬念、出人意料的长图给受众带来全新的广告体验，让人在拍案叫绝的同时忍不住随手转发。

▲ 图5-8　百雀羚《一九三一》长图广告（局部，请横向观看）

（2）广告复古的画风和显著的年代感触动了人们的怀旧情绪。在多数化妆品广告都强调明星、科技等元素的背景下，百雀羚反其道而行之，用极具民国特色的旗袍、洋行、裁缝铺等元素作为广告的主题和背景，并在其中穿插了有关民国时期的知识，比如西餐进入上海的时间、如何鉴定银元的好坏、民国时期《婚姻法》等。这些小细节与百雀羚的民国老品牌形象非常贴合，很容易触动消费者的怀旧情绪，让他们忍不住点开、浏览、分享。

（3）故事情节环环相扣、伏笔丛生，能够勾起受众的好奇心。不断下拉的画面反映了主人公完成任务的剧情发展，受众只有看到最后才能知道最终结局——主人公的任务是"与时间作对"。这自然地引出广告主题"百雀羚，始于1931年，陪你与时间作对"，激发人们的国货情怀和东方美感。

5.2.2.6 植入广告

微信公众号的植入广告多为定制式的原生广告（native advertising）。原生广告既是一种让广告作为内容的一部分植入到实际页面设计中的广告形式，也可被理解为以消费者本身使用媒体的方式去接触消费者的广告形式。例如在微信里面，原生广告可以是一条朋友圈信息，也可以是一篇公众号文章；在微博里面，原生广告又可以是一条微博状态；在知乎里面，原生广告还可以是一条问题的解答。原生广告虽未有一致的定义，但基本特征已有共识，比如均是融入媒体环境，不破坏媒体调性、页面设计和内容的和谐，对受众的侵扰度低，受众的互动多。

对微信软文注入广告来说，广告内容看起来是和公众号文章的前后文信息有关联的，而不是简单粗暴地切入读者的阅读过程。

5.2.3 微信广告的特点

5.2.3.1 即时互动

无论是企业通过自己创建的微信账号发布信息，还是在信息流中推送朋友圈广告，抑或是在知名微信公众号中植入广告，几乎都可以在极短的时间内完成（除了有的知名微信公众号因为客户较多需要排队投放，有时需要等待一两个月或者更长的时间才能发布广告），而一旦广告发布，微信用户又能以聊天、点赞、评论、转发、留言，以及点击、关注、下载、注册、响应活动等多种方式实时进行互动，从而由被动的信息接收者、旁观者变成具有主动性的阅听者、参与者、实践者、分享者甚至是策划者，利于增强广告的传播效果。

5.2.3.2 精准定向

大数据技术的发展为消费者行为的精准分析与深度挖掘提供了支撑，"人的言语表达、声音图像、地理空间、消费路径都会以数据的形式被记录，人与人之间的关系、互动、交流、情感也都能以数据的形式呈现"。

微信对于营销而言很重要的一个价值就是依托海量数据形成的精准定向能力：一是基础用户定向，包括地理位置、用户状态、消费能力、移动定向、基本信息、用户行为、天气定向、自定义用户等；二是垂直行业定向，即对重点行业进行深度定向标签挖掘，从而能够为广告主提供贴合行业用户特性的定制化标签；三是相似人群扩展，基于种子用户画像和社交关系链，根据种子用户行为特征匹配出最为相似的同类消费人群，增大量级。微信广告具备的这三种定向能力提升了广告与受众匹配的精准度，进而有利于增强广告投放效果，提升投资回报率。

5.2.3.3 基于强关系的裂变传播

在微信这一社交媒体的传播机制中，每个用户都是其中的一个节点，他们既独立组建群组，同时也与其他好友互为对方群组的成员。基于微信用户间的强关系链，微信广告推送给微信用户后，用户不仅可以与内容进行互动，其互动本身也会被其他好友看到。微信广告不再是干巴巴地自己推广信息，取而代之的是朋友对服务的参与和关注，用户看到的不再是纯粹的广告，他们所关心的是好友动态。广告信息在一个"圈子"或"社群"的定向好友之间传播后，借用户分享之力，传播至新的"圈子"或"社群"，广告信息得以进行多次传播，使广告在短时间内就能覆盖大量用户。

5.2.3.4　内容与媒介环境高度融合

在移动互联网时代，尽管人们的信息获取渠道变得更多元、接触的广告信息也随着信息总量的增加而相应增多，但他们获取信息的主动性和能力却大大提升了，这导致的结果就是受众对强行呈现给自己的硬性广告的反感、漠视和排斥。而微信朋友圈的信息流广告和微信公众号植入广告均体现了原生广告的理念，即内容与媒介环境相融合，在为受众提供有价值内容的同时降低了对用户体验的损害。这使得受众对广告的抵触性较小，甚至能被内容或形式所吸引，本着娱乐或寻求有效信息的目的去主动接受广告，这就有助于实现广告主、广告平台和用户三者的共赢。

5.2.3.5　监管不易

由于出现时间短、形式变化快、运作主体多、传播层级多、广告信息不易分辨等因素，微信广告较之其他新媒体广告更难监管。这些难点主要表现在主体界定难、部门协作难、行政处罚难。在主体界定方面，由于广告的转发者往往数量众多，一旦广告内容涉嫌违法，要准确划分违法主体的法律责任就存在一定困难。在部门协作方面，工商部门对微信广告的监管有赖于腾讯公司、宽带接入商、网络行业管理部门等多方在技术上、管理上的配合，顺畅沟通与有效协作的成本较高、环节较多、难度较大。在行政处罚方面，微信广告的发布与传播具有跨行政区域的特点，加大了责任追究的难度。此外，在流量变现思维的主导下，不少微信公众号运营者屡屡利用刷流量的方式欺骗读者和广告主。

思考与练习

1. 微信广告有哪几种类型？
2. 微信公众号的传播优势是什么？
3. 微信朋友圈广告是以什么形式出现在朋友圈的？

5.3　微信广告的运作

5.3.1　微信广告的价值

微信广告主要采用故事营销、视频营销、文化营销等多种广告营销策略。在具体方法上采用与传统广告不同的形式。例如，商家通过发送漂流瓶的方式对自己的产品或服务进行推广，塑造企业形象，扩大社会影响。商家开通官方微信，吸引消费者的"关注"，成为品牌粉丝。随后，商家会定期或不定期地向粉丝推送广告。商家通过一对一的推送方式，与粉丝开展个性化的互动推广活动，达到广告宣传的目的。此外，还有陪聊式对话广告和会员卡式广告等多种形式。微信广告通过具体的广告传播形式和传播手段凸显了自身的功能价值。

5.3.1.1 微信广告的投放价值

微信广告的投放价值体现在以下几个方面。

（1）巨大的用户基础。微信作为中国即时通信社交平台之一，拥有庞大的用户基础。通过在微信上投放广告，广告主可以触达大量活跃用户，扩大品牌的曝光范围和影响力。

（2）精准的定向投放。微信广告平台提供了精准的定向投放功能，广告主可以根据用户的性别、年龄、地理位置、兴趣爱好等多维度的数据进行精准定向。这使得广告主能够将广告内容准确地呈现给目标受众，提高广告的效果和转化率。

（3）社交互动和口碑传播。微信是一个社交平台，广告在用户之间的社交互动和口碑传播具有较高的影响力。用户可以在广告上进行点赞、评论和分享，将广告内容传播给他的社交圈子。这种口碑传播能够扩大广告的曝光范围和影响力，增加品牌的认知度和信任度。

（4）多样化的广告形式。微信能提供多种多样的广告形式，包括朋友圈广告、公众号广告、小程序广告等。广告主可以根据自身需求和目标受众选择适合的广告形式，以展示吸引人的创意和内容，提升用户的关注和参与度。

（5）数据分析和效果追踪。微信广告平台提供全面的数据分析和效果追踪工具，广告主可以实时监测广告投放的效果和回报。通过分析关键指标和用户行为数据，广告主可以了解广告的投放效果，并进行优化和调整，以提升广告的效益和投资回报率。

5.3.1.2 微信广告的影响力

微信广告是一种基于微信平台，贴近用户生活方式的原生广告形式，主要是企业或个人利用图文、小视频等形式对企业形象或产品进行推广与宣传的一种信息传播活动。

自2011年问世至今，微信在10多年间已经成为一款国民级的App，每天有10.9亿用户打开微信，3.3亿用户进行视频通话，7.8亿用户进入朋友圈，1.2亿用户发布朋友圈。其中，照片6.7亿张，短视频1亿条，有3.6亿用户阅读公众号文章，4亿用户使用小程序等。微信已经成为人们的一种生活方式。从微信用户的群体特征看，男女比例为1.8∶1，男性用户约占64.3%，女性用户约占35.7%；用户的平均年龄只有26岁，97.7%的用户在50岁以下，86.2%的用户年龄为18～36岁；在职业方面，80%的用户是企业职员、自由职业者、学生、事业单位员工。此外，80%的中国高资产净值人群在使用微信，25%的微信用户每天打开微信超过30次，55.2%的微信用户每天打开微信超过10次。微信作为一款强大的社交工具，接近一半的活跃用户拥有超过100位微信好友，57.3%的用户通过微信认识了新的朋友或联系上多年未联系的老友。由此可见，微信已经融入广大网民的生活，其广告价值也日益显现。

5.3.2 微信广告的运作逻辑

5.3.2.1 微信广告的精准运作

微信广告的精准运作主要体现在以下几个方面。

（1）定向投放。微信广告平台提供了丰富的用户数据和定向投放功能，广告主可以根据用户的性别、年龄、地理位置、兴趣爱好等多维度的数据进行定向投放。通过精准的定向投放，广告主能够将广告内容准确地呈现给目标受众，提高广告的效果和转化率。

（2）人群细分。微信广告平台支持对用户进行细分，例如根据用户的消费习惯、兴趣偏好、社交关系等进行人群细分。通过对不同人群进行定向投放，广告主可以针对性地传达广告信息，提高广告的精准度和受众的相关性。

（3）数据分析和优化。微信广告平台提供全面的数据分析和效果追踪工具，广告主可以实时监测广告投放的效果和回报。通过分析关键指标和用户行为数据，广告主可以了解广告的投放效果，并进行优化和调整。根据数据分析的结果，广告主可以优化广告创意、调整投放策略，以提高广告的点击率、转化率和投资回报率。

（4）创意和内容优化。微信广告要吸引用户的关注和参与，关键是提供具有吸引力和价值的创意和内容。广告主可以根据用户的兴趣和需求，通过优化广告创意和内容，使其更符合受众的喜好和期望，从而提高广告的效果和互动性。

（5）A/B测试。微信广告平台支持A/B测试，广告主可以同时投放多个不同版本的广告，然后比较它们的效果和表现。通过A/B测试，广告主可以找到最有效的广告创意和策略，进一步优化广告的精准度和效果。

总之，微信广告的精准运作通过定向投放、人群细分、数据分析和优化、创意和内容优化以及A/B测试等手段，使广告主能够更精准地传递广告信息，提高广告的相关性和效果，从而实现更好的广告投放效果和投资回报。

5.3.2.2 微信广告的关系链传播

微信广告的关系链传播是指通过用户之间的社交关系和互动，将广告内容传播给更广泛的受众群体。具体来说，微信广告的关系链传播包括以下几个要素。

（1）朋友圈分享。微信朋友圈是用户分享生活、观点和信息的平台。当广告在朋友圈中展示时，用户可以对广告进行点赞、评论和分享，将广告内容传播给自己的好友和粉丝。这种社交互动和分享可以扩大广告的曝光范围和影响力。

（2）口碑传播。微信用户之间的口碑传播对于广告效果至关重要。如果广告内容具有吸引力、有趣或有价值，用户会将其分享给他的社交圈子，并在交流中推荐和推广。口碑传播有助于增加广告的可信度和关注度，进一步扩大广告的传播范围。

（3）品牌互动。微信广告通过互动的方式增强用户与品牌之间的关系。广告可以鼓励用户参与活动、分享意见、参与抽奖或互动游戏等，从而增加用户与品牌之间的互动和参与度。这种互动可以促使用户更多地参与广告内容的传播和品牌的推广。

（4）个人推广。微信广告还可以通过个人推广的方式传播。广告主可以与具有影响力的微信个人账号或公众号合作，让其发布广告内容，通过其粉丝和读者群体传播广告信息。个人推广可以借助个人账号的影响力和粉丝基础，更有针对性地推送广告内容，提高广告的传播效果。

5.3.3　微信广告的运作策略

2015年1月22日，微信朋友圈迎来了广告上线。一时之间，微信朋友圈广告作为一种令用户耳目一新的广告投放形式瞬间火遍了大江南北。

5.3.3.1 微信朋友圈广告的首次五轮推送

作为微信朋友圈的首批广告主，vivo智能手机收获了十分满意的广告效应。在广告投放至微信朋友圈后的48h内，vivo广告的总曝光量已接近1.55亿次，用户点击vivo的标志、点赞、评论等行为超过720万次，vivo官方微信增加关注超过22万人。腾讯内部团队对微信朋友圈广告的前景颇为看好，预计由此带来的营收增长可达100亿元。随后，微信朋友圈的第二轮广告来袭，广告主是长安福特汽车与OPPO手机。紧接着第三轮、第四轮，广告主分别是凯迪拉克汽车和耐克公司。

5.3.3.2 内容分享与广告传播的新路径

微信朋友圈商业广告的推送引起了极大的市场反响，也奠定了微信朋友圈广告推送的基本模式。内容分享与广告传播的互动成为微信广告传播的主要路径。微信首次五轮推送的Feeds信息流广告并非首次出现在中国的社交网络，而是在微博国内试水两年后的大举跟进，之所以受到如此程度的关注，与它自身的发展潜力关系密切。据中国电子商务研究中心的数据显示微信上线至今，全球累计注册账户数11.2亿，每天朋友圈内仅分享链接内容的次数已经超过30亿次。日常使用中，76.4%的用户会使用朋友圈来查看朋友动态或进行分享，微信朋友圈成为企业新的广告平台。

5.3.3.3 微信广告的曝光策略及收费模式

微信朋友圈广告的收费方式是：微信CPC（按点击付费）广告底价为每次点击0.5元，自由竞价，曝光免费；CPM（按展示付费）广告底价为每千次曝光15元，自由竞价，每千次可视曝光按出价扣费一次，优先展示出价高的广告。具体曝光策略为，有4条以上新Feeds（信息流）时请求拉取广告（内测期间可能调整）；不少于4条新Feeds时广告放在第5条；曝光无互动，6小时后广告消失，曝光有互动，广告不消失；一个广告持续7天有效，对单个用户每48小时内只推送一个广告。Feeds广告采取可视曝光，广告图片完整地出现在用户的屏幕上，它采用三种曝光形式，分别是信息流曝光、消息详情页曝光、传播曝光。

5.3.4 微信广告的售卖方式

微信广告通过大数据的分析与参与，其投放形式更符合如今社交媒体平台传播的特性与需求。它的销售和购买方式均以大数据分析为基础来进行成本控制，按照用户的点击量收取广告费用。

微信广告的销售方式如下。根据腾讯公司对外发布的《微信广告系统介绍》，微信朋友圈广告采取CPM方式售卖：若定向北京、上海两座核心城市的用户，每千次曝光价格为140元；若定向其他一、二线重点城市的用户，每千次曝光价格为90元；若不定向区域推送，每千次曝光价格为40元；如果广告主在此基础上还需要定向性别推送广告，价格将上涨10%。换算下来，相当于用户每看一次有广告的朋友圈，微信至少向广告主收费4分钱。微信按照用户的点击量来收取广告费用，甚至打通广告与微店的连接。微信的营销空间不可限量，未来潜力巨大的微信商业广告将为腾讯带来一笔相当可观的收入。

> **思考与练习**
> 1. 微信广告的价值是什么？
> 2. 微信广告传播的关系链是什么样的？
> 3. 微信广告的曝光策略及收费模式是什么？

5.4 微信广告的投放策略

5.4.1 微信广告投放的优化方向

5.4.1.1 洞察人的内心

广告主在选择微信作为广告信息的发布平台时，往往过于关心平台的影响力（如活跃粉丝数、阅读率、转发率等）和平台与品牌目标受众的匹配程度（例如，如果广告的目标受众是年轻的电影迷，那么选择在电影公众号上投放广告可能就比在时尚购物公众号上投放广告更有针对性）。不过，这两个方面只能告诉广告主是否选对了媒体，却不能说明怎样才可以打动目标受众。在信息爆炸的移动互联网时代，假如广告信息没有观照目标受众的内心世界、没有回应目标受众的核心关切，那么即使量再大、密度再高也难以改变"信息飞沫化"的命运。例如，酷狗音乐公众号发布的《致不易青年》活动广告和预热宣传（图5-9）。

▶ 图5-9 《致不易青年》活动广告和预热宣传

当今，许多年轻人选择留守城市，为生活奋斗打拼。酷狗音乐打造了一场"不易青年能量站"中秋线下现场演唱会，通过励志歌曲演绎与惊喜福利相赠，为这群"回家不易"的不易青年们带来暖暖的能量。活动中，粉丝在酷狗能量站"晒"自己的能量和线下的活动参

▶ 图5-10 粉丝"晒"自己的能量和线下的活动参与

与（如图5-10），不易青年指的就是在生活层层重压下依然坚持前行，不易初心的青年。活动上线后，#不易青年#话题便迅速引起粉丝、KOL及《人民日报》等媒体多方跟进讨论。

5.4.1.2 讲好故事

通常,"故事"可被看作是以一定的方式,对按逻辑和时间先后顺序串联起来的一系列由行为者所引起或经历的事件的描述。故事由事件、人物、背景和话语(传播媒介,以及叙事的视角、方式、时态)等元素构成。与新闻式、论说式等文案不同,故事体文案注重描写经历、强调过程变化、关心个体的戏剧性价值(如成长、蜕变、坚持信仰、克服困难等),能将抽象的观点形象化,更易激发受众的情感、共鸣和行动,同时也更易于传播。

通过微信公众号发布的软文广告因为不受篇幅的局限,所以相比于其他新媒体广告形式来说更适合讲故事。这种广告可以借助SCQOR(思扩)模型进行设计(图5-11)。

▲ 图5-11 SCQOR(思扩)模型

例如,《有一种幸福,是"你吃吧,妈妈不爱吃"》的文案是这样的:"女儿三岁半,有时候给她留点吃的东西,她会问我'你不爱吃吗?'我总是回答她:'我爱吃,但我更爱你。'结果有一天,她把自己碗里的饭分给我了,我说:'你不爱吃吗?'小姑娘回答我说:'爱吃啊,但我更爱你!'一下子被暖到了。"文案的本质是沟通,而故事就是一种好用又有效的沟通方式。故事讲得好,就容易感染用户的情绪,使用户产生情绪投射,从而引发代入感。而用讲故事的方式来介绍品牌,也更容易被用户理解,这种广告二次传播也比较高,更有利于提高品牌曝光度。

5.4.1.3 融合场景

对于广告主而言,必须基于消费者的心理和行为特征,认真思考他们在什么时间、什么地点(包括虚拟空间)、做什么事、遇到什么情况、产生什么心理、希望什么支持或改变,然后设定或创造场景,将自身的广告信息、产品或服务的功能及优势与这些场景紧密结合在一起。从传统广告时代开始,这种策略已在许多广告中出现,而对于微信广告而言,场景广告已不单是通过设计一条"场景+产品"的口号来打造其与特定场景的关联。基于微信的场景广告的最佳目标是在特定场景下(包括固定的场景,也包括动态的场景)为用户提供适配的信息或服务。这一方面要求广告全面、精准地理解特定场景中的用户,包括对其个性的洞察以及其既往习惯、当下状态的把握;另一方面还要迅速地找到并推送出与目标广告受众需求相适应的内容或服务。

例如每年的6、7月是国内高校的考试季,大学生忙于复习备考,这让学生的备考需求与红牛的品牌诉求和产品功能产生了契合。特别是很多学生虽然身在自习室,但经常被手机吸引而分散注意力，不能专心复习。针对目标群体的这一特征，红牛在高校期末备考期间推出"红牛能量自习室"的概念，以"红牛能量自习室，万人一起上自习"，将线下自习室"移景"至线上，通过线上品牌互动，线下产品体验，加上校园的实地活动，完成了一场基于场景化的整合营销传播（图5-12）。

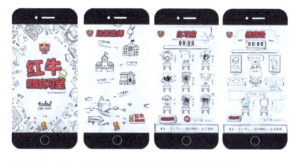

▶ 图5-12　红牛能量自习室微信活动页面

5.4.1.4 提供价值

作为融入社交媒体和依托多元场景的原生广告，微信广告只有多为用户提供与其生活、利益、需求、情感等有关联的、有价值的内容，真正把自己变成人们生活的一部分，才能避免被信息的汪洋淹没或损害用户的体验。广告主应尽可能地使微信广告具有以下价值的一项或多项。

（1）娱乐价值，即微信广告的内容或形式有趣味，能带给用户乐趣，比如酷炫的H5广告和别出心裁的长图广告往往都具有一定的娱乐价值。

（2）咨询价值，即微信广告可满足用户生活和工作方式的咨询需求，比如根据用户的地理位置推送的商家信息就可能对用户形成帮助。

（3）知识价值，即微信广告利于增加用户对事物的认识。知识可以是"知道是什么"，也可以是"知道为什么"，还可以是"知道怎么做"和"知道是谁"。比如茶叶品牌可以在微信中介绍中国茶文化和茶艺。

（4）情感价值，即微信广告能让用户感知到爱、情义、美好、欢喜等积极、正面的情感，比如白酒品牌江小白的朋友圈广告文案"这个冬天，不要让兄弟的情义慢慢变冷"，就让很多用户觉得心里"暖暖的"（图5-13）；又如奔驰smart汽车的微信视频广告《love，lasts》以"爱，不会老去"为主题传递着温暖。

▶ 图5-13　江小白的朋友圈广告

5.4.2　微信广告效果监测

对于微信公众号广告，广告主可以通过登录微信公众号系统，依据广告位位置（图文消息底部、腾讯新闻底部）、推文商品类型（公众号、品牌活动、iOS应用、Android应用、免费卡券）、广告信息（广告名称、自定义时间）三种方式自助查询广告的监测数据。

形成数据报表主要包含如下6个关键指标。

（1）曝光量，指定筛选条件下广告的总曝光数量，反映广告展示的数量。

（2）点击量，指定筛选条件下广告的总点击量，反映广告被点击的数量。

（3）点击率，指定筛选条件下广告的总点击率，反映广告被查看及点击的关系，点击率越高广告转化情况越好。

（4）点击均价，指定筛选条件下广告平均点击均价，反映一个投放广告产生一个点击的消耗费用，控制合适的点击耗费可以合理控制广告成本。

（5）商品指标，指定条件下广告转化的商品量，公众号投放为关注量，Android应用投放为下载量，iOS应用投放和品牌投放无商品指标。

（6）总消耗，满足指定筛选条件的广告的总消耗，反映广告账号的总消耗情况。对于微信朋友圈广告，广告主也可以通过系统进行查询。数据报表会呈现核心数据和互动数据，以及关键指标明细，每小时更新。其中，核心数据包括总曝光、总花费和下载完成量；互动数据则有详情查看量、图片点击量、点赞评论量、关注量、转发量五项指标；关键指标明细表会列出投放人群、地区、每日预算、出价、花费、详情查看量、详情查看率等具体数据（图5-14）。

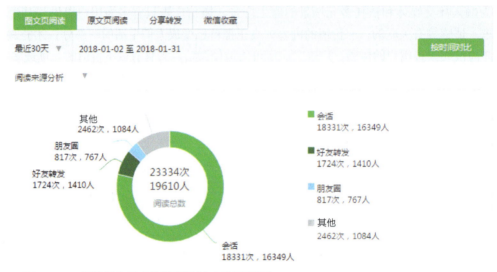

▶ 图5-14 微信朋友圈广告数据统计查询界面图

对于由微信公众号自主运营的软文广告，则通常关注其阅读量、点赞量、转发量、评论量、收藏量、文内广告视频的播放量、"阅读原文"链接的点击量等传播效果指标，以及关注量、下载量、注册量及购买量等转化效果指标。转化效果一般还会考虑CPA（CostPerAction，每行动成本），CPA越低，说明广告效果越好。

思考与练习

1. 微信广告投放可以如何优化内容？
2. 微信广告效果监测的六个指标是什么？

5.5 微信广告项目实训：罗莱家纺

5.5 项目实训

第6章

新媒体广告之微博广告

学习目标

6.1 微博概述

6.2 微博广告概述

6.3 微博广告的运作

6.4 微博广告的投放策略

6.5 微博广告项目实训：HBN

　　微博广告指广告主通过微博平台介绍自己推广的产品或提供的服务，是近年来兴起的网络广告的一种新形式。微博广告是广告主利用微博的传播特质发布的劝服性信息，目的是提高品牌的知名度和美誉度，促进用户购买。微博广告以投放成本低、商业价值高、互动性强等优势成为目前广告商竞相投放的互联网广告。此外，大多数微博广告由于融于微博这一社交媒体平台而具有了与微博平台上其他非商业信息类似的传播特质与传播优势。本章主要讲解微博与广告传播、微博广告的特征及微博新媒体广告的表现形态、价值、运作方式等知识。

6.1 微博概述

微博是微型博客（Microblog）的简称，是一个基于用户社交关系网络的信息传播与获取平台。2006年，博客技术先驱创始人伊万·威廉姆斯（Evan Williams）创建的Obvious公司率先推出了Twitter服务。最初，这项服务只是用于向好友的手机发送文本信息。2006年年底，Obvious公司对该项服务进行了升级，用户不用借助手机号码即可通过即时信息服务和个性化Twitter网站接收和发送信息。

在中国，微博最早出现在2007年，以饭否网等相关网站的建立为标志。2009年8月，在新浪网推出自己的微博产品之后，国内各大门户网站都宣布要建立自己的微博平台，微博随之进入高速发展时期。2010年，微博成为我国当年发展最快的互联网应用，这一年也被称为"微博元年"，新浪、腾讯、网易搜狐等门户网站成为我国主要的微博平台运营公司。经过多年的竞争，目前除了新浪微博，其他微博平台的运营状况均不容乐观。新浪微博数据中心2022年12月发布的《2022年微博用户发展报告》显示，2022年12月，微博月活用户达到5.86亿人，日活用户为2.52亿；用户群体以"90后""00后"为主，两者总占比接近80%。虽然用户数量庞大，但在用户增速方面，微博市场的情况却十分堪忧。造成这一现象的主要原因是微信等依靠移动互联网为用户提供服务的手机应用对传统互联网造成了巨大的分流效应。尽管微博市场面临多重隐患，但毫无疑问，它目前仍是新媒体广告投放的一个重要阵地，也是各大公司营销方案中不可或缺的一个环节。

6.1.1 微博的基本概念

微博由博客发展而来。博客（Weblog）为"web"与"bolg"的结合，即网络日记，是指使用特定的软件在网络上出版、发表和张贴个人文章的形式。之所以称为微型博客，是因为微博最初对发布内容有字数限制，通常不得超过140字。虽然新浪微博在2016年取消了字数限制，用户可以发布长文，但微博始终以短小精悍的内容作为其主要输出形式。

微博是一种基于用户关系信息分享、传播及获取简短实时信息的广播式的社交媒体、网络平台，它通过公开方式，采用裂变式传播，具有使用方式便捷、内容碎片化、交互性强等特点。作为具有传播性质的社交平台，微博的功能十分强大（表6-1）。

表6-1 微博的功能

功能	释义
发布功能	用户可以像使用博客、聊天工具一样发布内容
转发功能	用户可以将喜欢的内容一键转发，转发时还可以添加自己的评论
关注功能	用户可以关注自己喜欢的其他用户，成为这个用户的关注者（即粉丝）
评论功能	用户可以对微博进行评论
搜索功能	用户可在微博的搜索框内搜索关键词，获得相关的话题、用户信息
私信功能	用户可以给开放了私信端口的用户发送私信，私信内容将只被对方看到

值得注意的是，我国的微博平台主要有新浪微博和腾讯微博。2020年9月5日，腾讯发布公告称"腾讯微博将于2020年9月28日之后停止服务和运营"。自此，我国的微博平台基本代指新浪微博，本书下文中对微博的探讨均围绕新浪微博展开。

6.1.2 微博的传播特征

微博作为一种特殊的网络媒介形态，在具备网络传播特征的同时，也具有自身鲜明的特色。

6.1.2.1 传播主体：大众化、个性化

发布微博不需要像发布博客一样发表长文，极大地降低了普通人发布信息的门槛。人们可以随时、随地发布信息，包括当下的生活状态和个人的感悟等。

微博打破了传播者与接收者的界限，激发了大众的表达欲望，让大众从旁观者转变为当事人，每个人都可以拥有自己的微媒体，形成了"人人即媒体"的传播格局。通过微博，广大受众拥有更大的话语权与自主权，可以自由构建个人的社交网络和社区，表达想要表达的观点，选择感兴趣的关注对象，获得感兴趣的信息，并可以按照自己的意愿编辑微博内容。

6.1.2.2 传播内容：碎片化、去中心化

早期微博限定字数为140字，这使得微博的内容和信息量都受到限制，但正是因为这种限制，让微博的内容传播呈现出碎片化的特点。受众发布的微博内容篇幅短，能让其他受众迅速获取其中的信息，与现代社会信息化、快节奏的生活方式相契合，大大节约了受众的时间成本。微博提供了一个平等的交流平台，让"沉默的大多数有了更多的发声机会"，它允许普通人直接评论、转发名人的微博。普通人的观点也有可能得到广大受众的支持，被广泛传播。这客观上营造了一种打破权威、鼓励创新、张扬个性的文化氛围，打破了以往精英人士对话语权的垄断。

6.1.2.3 传播方式：社交化、裂变化

受众能在微博上分享信息、进行社会交往、表达个人感受，且能迅速、及时地得到其他受众的反馈。在这个过程中，许多受众像朋友一样在微博上建立了情谊，互相转发、评论对方的微博。微博的传播方式除了社交模式外，还有裂变模式。一条微博的传播对象不是单纯"一对一"或"一对多"的模式，而是"一对一""一对多""多对多"同时发生的裂变模式。

6.1.3 正在MCN化的微博

随着我国短视频平台和直播平台的异军突起，以往人们在微博上才能获得的信息，如今在短视频平台、直播平台上同样能够获取。微博的流量不断被其他新媒体瓜分，已成为事实。为了改善这一局面，微博开始寻求出路，与多频道网络（Multi-Channel Network，MCN）公司或机构合作。

MCN是一种多频道网络的产品形态，是指采用专业生成内容（Professional Generated Content，PGC）的方式，在资本的有力支持下，保障内容的持续输出，从而最终实现商业的

稳定变现。

简单来说，MCN是帮助内容创作者变现的专业机构。

2016年9月，微博启动MCN管理系统内测；

2017年5月，微博推出垂直MCN合作计划；

2017年12月，微博宣布投入30亿元基金扶持MCN机构；

2019年8月，微博推出"微博内容商业联盟助力计划"；

2021年8月，微博合作MCN机构超过2000家。

目前微博正在不断MCN化，绝大多数微博热门账号并非由个人独立运营，而是与MCN机构合作运营。

随着MCN机构产业链发展的不断完善，其在"网红"经济发展成熟的过程中带来的益处也日益明显。无论对于MCN机构、内容创作者还是微博平台来说，互相合作都更有利于实现三方共赢的局面。需要说明的是，不只微博，主流互联网内容平台创作者也开始发展自己的MCN产业，微博MCN的运营模式也可以和其他平台MCN模式互相借鉴参考。

思考与练习

1. 简述微博的功能有哪些？
2. 微博MCN化说明了什么问题？

6.2 微博广告概述

6.2.1 微博广告的概念

任何事物的诞生都绝非偶然，这一定律尤其适用于广告行业。广告主投入广告媒体的每一笔广告预算，背后都蕴藏着与之对等的商业期待。因此，只有广告传播效果好、广告转化率高的媒体才能获得广告主的青睐。在纷繁复杂的广告市场中，微博正是凭借平台自身特有的优势属性赢得了广告主的信赖，并由此逐渐发展为新媒体广告中的一个重要分支。

6.2.2 微博广告的特点

随着微博用户数量的不断攀升，微博的营销模式和广告手段的不断创新，微博正在成为新媒体时代广告发布的重要平台，凭借其自身的便捷性、快速的传播速度、低廉的成本、强互动性等，显示出不同于传统广告媒体的传播特点及优势。

6.2.2.1 传播速度快、范围广

传统广告模式是一种单向的信息传播模式，信息发布者向信息接收者传播信息，信息接收者只能被动地接受信息。这种传播模式传播速度慢，传播范围狭窄，传播效果不理想。

微博广告借助互联网平台，信息传播范围大，传播速度远超传统广告的传播速度。一条微博广告在发布后可以被无数次地转发、评论，在转发和评论的过程中，信息被再度传播。这种传播模式有利于广告的发布和推广，可以取得较好的传播效果。这种快速且大范围的传播模式提高了微博广告的价值，很多广告投放者开始通过在微博上投放广告加强对产品的宣传力度。微博广告已经成为当前品牌营销的有效途径。

6.2.2.2 开放程度高、互动性强

微博是一个开放、互动的网络平台，所有人都可以申请属于自己的微博账号，且都拥有在微博上评论的权利，使得微博成为一个潜力巨大的广告发布平台。微博的关注和评论功能赋予了微博广告较强的互动性，广告投放者可以更加迅速地获取大众的反馈信息，并根据受众意见进行适当的调整与升级，提升用户的体验，进一步刺激消费。因此，微博强大的互动性促使用户自愿成为广告的传播者，使微博广告取得了良好的传播效果，这对企业也具有一定的激励和监督作用。

6.2.3 微博广告的类型

微博广告依托微博平台的发展，经历了一个互动演化的过程。在不同时期，微博广告的投放重点和传播方式有很大不同，微博广告信息的呈现和来源均有较大差异。根据不同的分类标准，微博广告可以划分为不同类型。

6.2.3.1 根据微博广告的信息内容分类

根据微博广告的信息内容划分，微博广告可以分为产品广告、促销广告、品牌广告、活动广告四个基本类型。

（1）产品广告。产品广告一般用于新产品上市，重点介绍新产品的功能、外观、材料、技术创新等，着重突出产品在某一方面的特性，以吸引消费者的注意力，并促使消费者快速地了解产品，最终购买产品。广告主一般会为这类广告制作专门的配图与广告语，并在不同场景中使用相同的图文，以此加强消费者对产品的统一印象。以华为的荣耀30S手机广告为例（图6-1），它特别强调了产品的内核，突出了它在芯片上的创新，进而吸引消费者的注意力。

（2）促销广告。促销广告主要以活动的形式呈现，内容包括促销活动、参与方式的介绍等。同时，大多数促销广告下方会附带相关的网址链接或二维码，有兴趣的消费者可以通过点击链接或扫描二维码来了解促销活动详情。促销广告通过微博上的人际传播，将促销信息以信息流的形式传向受

▶ 图6-1 华为荣耀30S手机

众，可以在短时间内引发爆炸效应。促销广告效果的好坏在很大程度上取决于信息发布平台的选择以及促销力度的大小。以某三明治品牌为例，它在合肥新开的门店就以"美食合肥"为平台，发布了一个开业促销广告。作为发布平台的"美食合肥"是一个地方性的美食微博，它的主题与品牌的类别相符，同时，该微博的地方性也增加了广告信息的受众针对性。正确的平台选择和较大的优惠力度可以使促销广告取得良好的传播效果。

（3）品牌广告。品牌广告主要是借助微博平台，制造话题或网络事件，对品牌的历史定位、内涵以及展望进行诠释，使消费者加深对品牌的理解并形成品牌忠诚度的商业宣传行为。品牌广告是一种长线投资，相对于提高销量，品牌广告更注重对品牌形象的塑造。在广告内容上，品牌广告较多地侧重于对品牌的解读，而不是对具体某件商品的推荐。大部分企业出于宣传目的，会开通微博企业账号，这类账号经过微博官方认证，吸引了一部分对该企业感兴趣的用户的关注，也具有一定的影响力。

（4）活动广告。活动广告与促销广告存在部分重叠，但二者在广告目的与广告主旨方面均有较大区别。活动广告旨在通过推广活动提高消费者对品牌的认知，促销广告则重在通过活动促进销量的增长。活动广告的内容一般是对活动内容、活动时间、活动地点等具体信息的介绍。活动常常与慈善公益等主题相联系。在大部分情况下，活动广告还会邀请名人代言，以提升活动的知名度与参与度，增加媒体曝光的机会。如2022年，喜茶品牌携手宠物用品品牌pidan与它基金合作推出了"pidan猫用公益户外补给站喜茶联名款"（图6-2）。该活动满61元（指定项目）即可获得，让流浪猫在6000个城市的小角落居有定所。产品内含窝体、抓板及内置双碗，并配合防虫设计，满足流浪猫户外生活所需。喜茶的品牌形象也在活动中得到了提升。

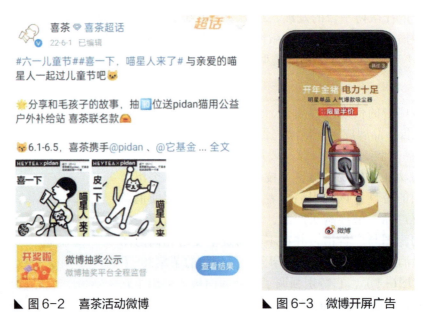

▶ 图6-2　喜茶活动微博　　　　▶ 图6-3　微博开屏广告

6.2.3.2 根据微博广告的发布形象分类

（1）微博开屏广告。微博开屏广告是指打开微博移动端时自动弹出的、占满全屏的广告，如图6-3所示。开屏广告通常由一些企业投放，以图片或动态图的样式展现，广告对象多是一些具有高知名度的艺人代言的产品。

（2）微博官方横幅广告。微博官方横幅广告是指在微博的各个界面上，以图片形式存在的横幅广告。广告主与微博平台合作，发布风格鲜明、引人注目的产品或服务广告。如果微博用户被广告内容吸引，点击即会跳转到广告活动页面。

（3）微博官方热搜广告。热搜是微博最具人气的特色功能，绝大部分使用微博的用户都会浏览热搜话题，热搜自然也成为投放广告的绝佳场所。微博热搜上的第三位和第六位通常为广告位,与其他热搜话题一样,以话题的形式呈现。不同之处在于其他话题尾部通常标"热""爆""沸"之类表明火热程度的字眼,广告位话题尾部则标注"荐"这一字眼,意为推荐。广告话题通常以某位名人展开,以吸引用户点击。用户点击进入该话题之后,将会看到广告页面,用户可通过点击页面中的"立即购买",跳转到购物平台进行购买。

(4)"大V"广告。在微博平台中,具有一定影响力和号召力的账号被称为"大V"。"大V"拥有众多粉丝,影响范围较大,利用"大V"的名气在其账号上投放广告也是微博广告中的一类。"大V"广告分为两种形式,一种是直发广告,另一种是转发广告。

① 直发广告。直发广告是指"大V"通过发布微博的形式,直接发布广告。直发广告通常以文字与图片相结合的方式呈现(图6-4)。

② 转发广告。转发广告是指微博"大V"转发他人的微博广告。在转发时,"大V"通常会对转发内容进行介绍或发表见解。

▲ 图6-4 直发广告

6.2.4　按照微博广告的信息发布来源分类

根据微博广告的信息发布来源,可以把微博广告分为通过微博平台发布的广告、通过意见领袖发布的广告、企业建立的官方账号自主发布的广告。

6.2.4.1 通过微博平台发布的广告

通过微博平台发布的广告主要是指在微博平台上由微博运营方发布的广告。按照呈现形式,这类广告还可以细分为页面类广告(图6-5)、平台嵌入类广告和内容推广类广告。

(1)页面类广告。由于微博平台掌握一手的用户资料,可以对受众进行精确抓取与定位,因此,微博平台发布的页

▲ 图6-5 微博平台发布广告位

面类广告与门户网站上的页面广告相比更加智能化。它的本质还是网页类广告,并未利用微博的社交性与用户形成有效互动。这类广告虽然受众面较广,但是转化率有限。同时,由于采用CPM千人成本收费方式,覆盖面的扩大就意味着广告预算的增加。目前,微博页面上的主要广告位有微博登录页面广告、微博页面顶部广告、热门话题区广告、热门话题区下方的页面广告、微博页面底部的广告等。这些微博平台广告位可能会随着微博运营方经营策略的调整而产生相应的变化。

（2）平台嵌入类广告。平台嵌入类广告主要是指与微博平台相互融合,成为微博平台一部分的广告。这类广告面向所有的微博用户,品牌更换频率较低,广告内容较为稳定。常见的嵌入式广告有微博模板广告、微博游戏植入广告等。这类广告的投放成本相对较高,但数额固定且不会随着曝光量的提高而增加（图6-6）。

（3）内容推广类广告。内容推广类广告是微博广告中效果相对较好的一种,广告主可以通过类似粉丝通的自助广告投放系统实现广告的智能化投放。精确抓取用户、成本可控是这类广告的主要特征。

▶ 图6-6　微博平台嵌入类广告

同时,由于广告以类似好友微博的方式呈现,因此可以获得较好的传播延展性,形成信息流,实现二次乃至多次的传播。这类广告的投放是否成功涉及两个非常关键的因素:一个是受众属性的抓取;另一个是广告内容的制作。新媒体广告与传统广告相比,最大的优势就是精确化的投放,最大的劣势也是精确化的投放。正确的受众属性选择会为品牌创建与消费者直接对话的机会,使消费者对品牌产生信任感;错误的受众属性选择可能导致制作精良的广告变成一次可笑的"对牛弹琴"。同时,广告内容是否具备社交网络的传播特质也会对广告效果产生巨大影响。一个优秀的广告案,首要任务就是引起消费者的认同感,与消费者实现有效的交流,进而促进广告信息的二次乃至多次传播。

6.2.4.2　通过意见领袖发布的广告

微博作为一个虚拟的社交网络,存在着许多意见领袖。微博上的意见领袖可以分为两类:一类是现实生活中的成功人士在微博平台上开设个人账号后,将线下的影响力带到线上,可以被称为意见领袖;另一类是在微博上通过定期发"段子"爆料或提供有效信息等方式积累粉丝,从而获得广泛影响力的"草根"意见领袖。意见领袖的构成以演艺明星、商界人士以及某领域的专家等为主。通过意见领袖发布的微博广告是一种利用社交影响力的广告形式。意见领袖是在某个领域具有专业知识和影响力的人士,他们的观点和推荐能够对广大粉丝产生影响和引导。通过与意见领袖合作,广告主可以借助其影响力和粉丝基础,将广告内容传播给更多的受众,并提升广告的可信度和关注度。当意见领袖发布广告时,他们会将广告内容与自身领域的专业知识相结合,以吸引粉丝的关注和参与。

通过意见领袖发布的微博广告具有以下特点。

（1）信任和认可。意见领袖在特定领域具有一定的影响力和专业性,粉丝对其观点和推荐有较高的信任度。因此,意见领袖发布的广告往往能够获得更多的认可和关注。

（2）精准受众。每个意见领袖的粉丝群体都有一定的特点和偏好。通过选择与广告主品或服务相关的意见领袖合作,可以实现对目标受众的更加精准的触达。

（3）创意融合。意见领袖发布广告时，会将广告内容与自身领域的专业知识相结合，以更加有趣、有价值的方式呈现给粉丝。这种创意融合可以增加广告的吸引力和影响力。

（4）互动参与。意见领袖在发布广告时，通常会鼓励粉丝进行互动和参与，如留言、转发、参与活动等。这种互动参与能够增加用户与广告之间的互动，提高广告的传播效果。通过与意见领袖合作发布微博广告，广告主能够借助他们的影响力和粉丝基础，将广告内容传播给更广泛的受众群体，并在用户之间引起关注和讨论。这种形式的广告发布能够有效地提升广告的曝光度、可信度和转化率，对于品牌推广和产品营销具有重要的意义。

思考与练习

1. 微博广告对广告主的价值有哪些？
2. 微博广告发布的信息来源有哪些？
3. 微博广告的类型有哪些，特点是什么？
4. 根据微博广告的信息内容分，微博广告有哪几类？

6.3 微博广告的运作

微博广告的运作具有独特性，根据微博广告传播的信息内容及传播的方式，可以在四个方面进行有效的微博广告运作。第一，在微博平台上建立特定的圈子，培养受众的忠诚度，这是微博广告运作的基本前提；第二，运用符合微博话语体系的语言，形成受众认可的广告风格，这也是增强微博广告用户黏性的重要路径；第三，运用整合营销传播手段提高微博广告的传播力和品牌影响力，使其符合微博广告圈层营销的特性；第四，广告内容切合网络热点事件和网络热点问题，这与微博的功能性特征十分吻合，也与微博平台营销的内容生产机制相匹配。

6.3.1 微博对于广告主的价值

微博平台的种种特性使微博广告获得了广阔的发展空间，并逐渐成为各大广告商青睐的新宠。微博对于广告主的价值主要在于独特的受众价值。

6.3.1.1 传受平等，提升受众的参与度

在微博平台上，传受双方遵循人际传播自由平等的规则，双方的角色在传播的过程中可以相互转换。广告主在微博上发布的广告信息被部分受众转发后，就进入了受众的人际关系网络。受众在不知不觉中完成了由受传者变成传播者的身份转化。在这一过程中，广告主与受众之间的联系逐渐加强。广告主成功进入受众的社交圈后，就与受众建立了类似朋友的关系，这为受众进一步参与后续的广告传播创造了前提。

6.3.1.2 实时互动，增加受众的信任感

许多品牌都会在微博上建立了自己的微博官方账号。这些官方账号除了发布常规的品牌信息和一些与受众兴趣点相对应的微博，还会经常制造一些供受众讨论的话题。当用户开始介入讨论并与官微展开实时互动时，双方的联系就随之加强了，类似朋友的亲密关系也就随之建立。以朋友的身份发布的信息能够消除广告主与受众之间的天然隔阂，提升用户对广告主的信任度，并在不知不觉中提升了用户对广告信息的接受度。

6.3.1.3 信息简洁，便于形成信息流

一般情况下，信息的体量与信息量是成正比的，篇幅越大，受众能够获取的信息就越多。但是，假设受众在上网时看到一个自己感兴趣的标题，点击进入后却发现网页一直无法显示更新，他很有可能会直接关闭网页继续浏览下一条信息。好不容易吸引到的注意力就由此付诸东流。同时，信息体量过于庞大的文章等也与目前受众碎片化的阅读习惯相悖。因此，微博对信息体量的控制保证了信息的精简，也保证了信息的有效到达。

6.3.2 微博广告的运作策略

6.3.2.1 建立特定的圈子

（1）微博上的圈子。在网络生活中，人们会根据自己的兴趣加入一些主题论坛或聊天群。在这类网络群体内，只有符合成员价值观的信息才可以获得持续的强调和传播，而这些持续获得强调和传播的信息又会反过来作用于成员的价值判断，并最终形成网络上的话题热点。在微博上，微博用户往往会根据自己的兴趣点选择关注的对象，属性相同的人关注的对象也比较相近。志趣相投的人会由此形成一个相对固定的社交。如果能在进行微博广告投放时考虑到圈子效应，并对这一效应进行有效利用，将为微博广告的传播带来事半功倍的效果。

（2）圈子受众培养的典型案例。以品牌露露乐蒙（Lululemon）在2022年11月"这份心意不止双十一"的营销案为例（图6-7）。该品牌对自己的定位是瑜伽服饰及运动相关的辅助器及配件，目标消费者为具有一定购买力的精英女性。该促销活动的实施平台是天猫商城，时间节点为"双11"购物节。时尚运动爱好者将在当天集体发布微博，分享自己的感受和穿搭，从而给目标消费者带来密集且内容类似的推广。关注这些意见领袖的消费者就会在不知不觉之中受到影响，从而提高对该促销活动的认知，并由此参与后续的品牌活动，最终做出购买行为。

同年12月，露露乐蒙（Lululemon）宣布只要选取商品并加入购物车就有机会抽取"这份心意不止双十一"的名额，活动的参与量高达12万人次。12月，该品牌天猫店的总销售额涨幅超3%，总浏览量为892万人次，转化率高达8.3%。露露乐蒙这一营销案在"双11"前期就很好地完成了预热目标，通过微博在消费者中引起了不小的轰动。活动期间，货真价实的优惠力度使消费者对品牌的好感度大幅提升，并最终促使该品牌

▶ 图6-7 露露乐蒙（Lululemon）营销案

网店的营业额出现了爆发性的增长。

6.3.2.2 运用符合微博话语体系的语言

在微博广告的传播过程中,传播的一个前提是传受双方必须有共通的意义空间,否则就会传而不通,甚至有可能导致误解。因此,运用符合微博话语体系的语言来建构双方共通的意义空间是一个实用、有效的方法。

(1)共通的意义空间与传播语言的选择。共通的意义空间包含两个意义:一个是传播过程中传者使用的语言必须在传受双方可接受的范围内;另一个是传受双方要有大体一致的生活经验与生活背景。在微博上进行信息传播活动时,尤其要注意共通的意义空间这一问题。由于微博上的关注是用户根据自己的兴趣点自愿选择的,因此,可以默认关注某微博账号的用户与博主之间有着大体一致的价值取向。此时,传播语言的选择就成为传播过程通畅的关键因素。

(2)所用语言与微博的话语体系相符。作为一个虚拟的社交网络,微博拥有属于自己的独特话语体系。要想在这一平台上获得较强的传播力,首要条件就是在发布内容时要保证使用的语言与微博的话语体系相符合。通过观察微博上的流行语不难发现,拥有巨大传播力的微博内容的语言一般都具有简单、形象、平民化与幽默化的特点。有相当多的微博用户将"刷"微博作为一种休闲娱乐的方式。篇幅过大、语言过于艰深的微博由于不具备形成信息流的特质,很难在微博上形成广泛的影响力。

(3)巧用微博语言的典型案例。以阿里巴巴旗下品牌"飞猪"的微博平台推广活动为例(图6-8)。该品牌以每个人都有看世界的美好梦想为前提,洞察消费者的旅行心理,提出了口号"比梦想走得更远",并以此为契机,在微博上推出广告语"去哪里不重要,重要的是去啊"。这句广告语看似简单却极具传播张力,在短时间内获得了网友们的广泛认同,并由此在微博上引发了连锁反应。它的同类竞争对手去哪儿、携程、途牛、同程等纷纷根据"去啊体"推出自己的广告语,在微博上引发"去啊现象"。

▶ 图6-8 "飞猪"的微博平台推广活动

6.3.2.3 整合营销传播手段

由于城市生活节奏的不断加快以及移动互联网带来的时空解放,人们接触媒体的方式与以往相比有了许多新的趋势。首先是媒体接触时间的碎片化,人们往往会选择在上下班路上、等待公交或电梯时打开手机应用进行社交或阅读。不同媒体的受众接触时间各不相同。其次是新媒体的丰富性带来了媒体间的自由切换。以社交网络为例，目前较为通用的社交网络包括腾讯旗下的微信与QQ、新浪旗下的新浪微博、陌陌科技旗下的陌陌、百度旗下的百度贴吧等。大多数人都拥有多个社交网络账号，很多人往往是"刷"一会儿微博之后就开始"刷"朋友圈，朋友的动态都看完了，又开始"刷"贴吧，如此循环往复地在这几个平台之间来回切换。

广告主在进行广告投放时必须要注意媒体间的组合，进行整合营销传播，对于不同媒体要根据自身特点进行投放时间以及投放内容的选择。需要注意的是，投放的内容形式虽然可以多样，但信息的重点必须统一且清晰明确，切忌每个平台上的信息重点不同，让消费者产生无所适从的感觉。

6.3.2.4 广告内容切合网络热点

微博是一个热点频现的网络平台，热点的主要来源有三个：一是线下热点的线上讨论；二是线下事件的线上热点制造；三是微博平台的自身热点。第一种情况中的微博热点事件往往也是线下政治、经济、文化生活中较为引人注目的事件，如每年的"两会"、某些影视剧的热播等。第二种情况中的热点事件一般为线下渠道无法解决的矛盾在线上的公开化，较为典型的有官员贪腐、民生矛盾等。第三种热点事件主要指各类名人的微博骂战、各类网络热词与语体的流行等。

结合微博上的热点议题进行广告创意，有时会带来较为理想的话题效应。如果对热点话题的解读得当，往往会激发受众的认同感，进而促使其转发、评论，扩大传播效应。在选择热点问题进行广告创意时，也应考虑广告的伦理问题。一般而言，各类灾难事件、政治事件及突发性公共事件的相关话题不宜出现在广告宣传中。相对而言，热播影视剧、热门歌曲等题材比较适合出现在广告宣传中，可以更多地吸引受众的注意力。以2022年出现的两个微博热点事件"闭眼人"与"v我50"为例。这两个热点事件均来源于线下的社会新闻，在微博上通过网友们的积极转发后迅速发酵，并最终形成两个热门的网络用语。许多品牌都借助这两个热点事件进行广告宣传，并取得了良好的传播效果（图6-9）。

▲ 图6-9 结合热点进行的广告宣传

6.3.3 微博广告的监管机制及路径

6.3.3.1 完善微博广告的相关立法

为了规范我国的微博广告市场，政府及相关广告管理部门应及时完善现行的广告法律法规，尤其是关于微博广告的法律法规。另外，由于网络环境的复杂性，追查微博广告发布者的身份较为困难，一旦出现虚假广告，责任归属就变得十分模糊。因此，在新的广告法律法规中，应确定微博广告的主要责任人，明确其应承担的法律责任。

6.3.3.2 完善微博广告的审查制度

对微博广告的审查应采用事前和事后相结合的方式。事前的审查方式主要适用于已经登记的微博广告，即在进行登记时先将要审查的广告内容进行备份。由于发布者已经登记在册，一且出现违法乱纪的现象,就可以迅速追究其责任。事前审查可以促使广告发布者自律,对虚假广告起到一定的威慑作用。对于一些未经登记批准的微博广告,可以采用事后审查的办法。由于目前微博广告的数量庞大且内容复杂,在审查过程中必须结合相应的广告审查制度进行事后审查,一旦发现广告存在违反法律的现象,就立即要求广告发布者撤销广告,并追究其法律责任。对于部分情节严重的发布者,可以永久禁止其发布广告,以净化网络环境。

6.3.3.3 完善微博广告的监管机制

目前,我国微博广告的规范行为以政府为主导,但由于相关管理部门的职能划分不明确,很难监控复杂的微博广告。因此,可以建立一个专门监管微博广告的部门,加大对微博广告的监管力度,并培养一批专业能力、责任意识强的微博广告监管人员,努力提高相关执法人员的综合素质。由于微博广告的发展速度日益迅速,我国现有的法律法规尚不能跟上其发展步伐,导致微博广告在发展过程中出现了很多问题。为解决这些问题,应该完善我国现有的广告法律制度,并总结我国微博广告现有体系中存在的各种问题。通过完善微博广告的监管机制,不断净化微博广告市场,构建良好、健康的新媒体广告生态环境。

思考与练习

1. 微博广告的类型有哪些?请详细说明。
2. 微博整合营销传播手段有哪些?
3. 详细叙述有哪几类微博广告运作策略。

6.4 微博广告的投放策略

6.4.1 微博广告的内容特质

微博广告的投放渠道和形式多样,但无论以何种形式投放在何种渠道上,都需要具有吸引力的广告内容,为广告的传播提供有力的保障。

微博非常鲜明的传播特征是碎片化传播。微博用户几乎不会耗费时间在微博上深度阅读,因此,微博广告内容至少需要具备有情、有趣、有用这三个特性其中之一,才有可能在短时间内迅速吸引用户的注意。

6.4.1.1 情感流露

最能打动人的是情感,能让用户产生情感共鸣的微博广告,更容易令用户沉浸其中。微博广告中常见的情感主题是亲情、爱情和友情。通过情感故事,人们很容易想起自己的故事,流露出真挚的情感。例如美食类博主李子柒,其发布的文案和视频通常都情感充沛,带有一种人间烟火气,充满温馨,流露出亲人之间浓浓的亲情(图6-10)。

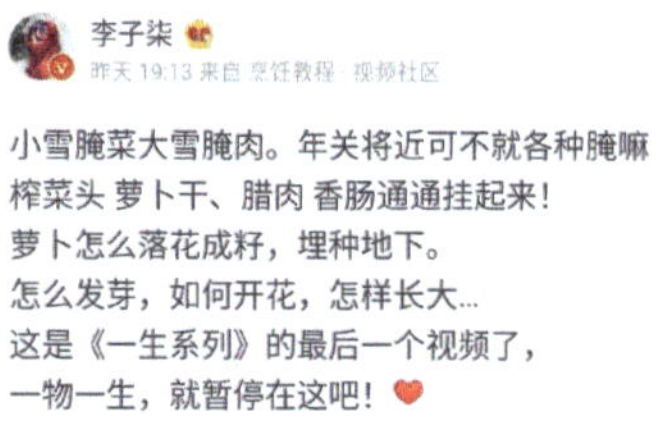

图6-10 李子柒发布的微博

6.4.1.2 有趣幽默

风趣幽默的人更受欢迎，有趣的微博广告也是如此。常见的有趣的微博广告内容包括段子、模仿秀、搞笑视频等。在有趣的内容中巧妙地植入广告，更容易让受众接受，甚至会因此吸引更多用户。例如北京故宫文化服务中心官方微博"故宫淘宝"，为了推广其淘宝店铺并打造"故宫淘宝"品牌，将自身形象定位为接地气、具有亲和力的帝王形象，日常发布的微博也以可爱俏皮的漫画形式为主（图6-11）。

▶ 图6-11 "故宫淘宝"官方微博

6.4.1.3 有用干货

用户在使用微博的过程中，除了寻求放松外，还希望能利用碎片化的时间学到一些有用的知识，这些知识常被称为"干货"。常见的干货内容包括健身减肥操、美食教学、学科教学、手工制作教程、汽车解析、科技产品介绍、历史科普等，例如微博"大V"热门科学科普博主"博物杂志"和"智慧科技迷"（图6-12）。

▶ 图6-12 微博"大V"热门科学科普微博页面

6.4.2 微博广告的四大投放方式

微博广告有四大常见的投放方式，即微博广告中心投放、微博自主投放、微博"大V"代理和第三方广告公司代理。

6.4.2.1 微博广告中心投放

微博广告中心是专门的微博广告投放平台。微博广告中心投放的广告为微博官方广告，新媒体广告人员可根据自身需求，在微博广告中心挑选适合自身产品的广告产品类型。微博广告中心提供的广告产品类型如表6-2所示，新媒体广告人员可直接在微博广告中心联系微博官方或拨打其官方电话进行洽谈。

表6-2 微博广告中心广告产品类型

广告产品	展现形式	投放优势
搜索类	热门搜索包	（1）强曝光：双重一级页面搜索框引导文案，每日千万级曝光 （2）软推广：利用关键词潜意识引导用户点击 （3）聚集性：落地页首屏集中展现客户重点品牌信息，高效聚集转化
搜索类	热门搜索榜	
搜索类	搜索推广	
搜索类	搜索彩蛋	
曝光类	开机报头	（1）强曝光：第一时间向微博日活跃用户展现，单轮2000万PV曝光 （2）精准性：全天9轮全国通投+2轮区域。支持4种素材类型，支持3种互动形式，可对不同区域定向精准投放
信息流类	超级粉丝通	（1）全屏展示：灵活样式完整展现 （2）立体定向：依据微博强大的数据标签体系定向触达 （3）智能投放：频次自控，智能出价 （4）数据追踪：社交传播准确把握
信息流类	品牌速递	
视频类	微博故事	（1）冲击感强 （2）内容生产便捷，可一键拍摄 （3）轻消费社交：15秒视频，故事发布24小时后自动消失

6.4.2.2 微博自主投放

微博自主投放是指新媒体广告人员通过自身或企业微博账号发布微博广告后,用户通过点击微博正文右上角的"阅读"进行的广告推广(图6-13)。

新媒体广告人员采用这种微博广告投放方式,可以根据用户标签自主选择投放时间、目标受众和投放成本,使广告更为精准地触达目标受众,也使广告成本具有可控性。

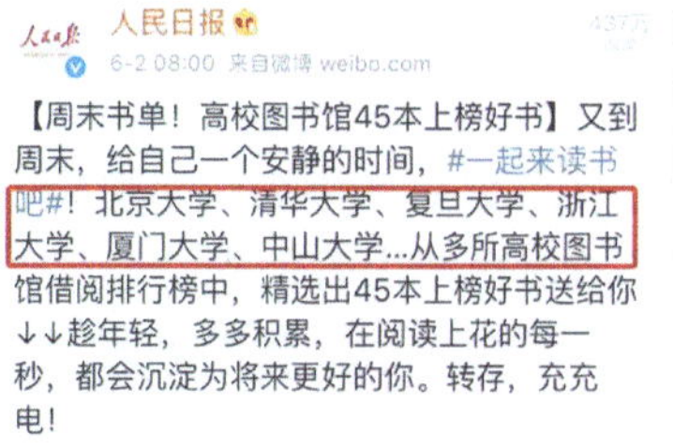

▲ 图6-13 微博自主投放

6.4.2.3 微博"大V"代理

微博"大V"代理是指寻找合适的"大V"帮助广告主宣传产品或服务。采用这种广告投放方式,最关键的步骤是寻找适合产品定位的"大V",达到广告投放效果。寻找"大V"可利用微博的高级搜索功能,按行业关键词搜索,找到对应领域的博主。

6.4.2.4 第三方广告公司代理

第三方广告公司是指为广告主和各领域"大V"提供对接服务的平台,如新榜、微播易等专门进行新媒体广告投放的平台。在第三方平台上,广告主可以发布投放任务,"大V"可以在平台接收任务,平台从中获取流量和佣金,形成"三足鼎立"的稳定闭环。

6.4.3 微博广告的到达率

广告到达率是衡量广告效果的重要指标之一,它是指向某一市场进行广告信息传播活动后接收广告信息的人数占特定受众总人数的百分比。在受众总人数一定的情况下,接收广告信息的人数越多,广告的到达率越高,那么微博广告的投放效果就越好。微博广告到达率的计算公式为:

$$微博广告到达率 = 微博广告阅读量 \div 预估受众总人数 \times 100\%$$

例如,新媒体广告人员小王与某"大V"合作,在"大V"的微博账号上发布了一条广告,"大V"的粉丝数量为30万人,这则广告在3天内的阅读总量为3万次,广告到达率大致为10%。其中,微博广告的预估受众总人数的确定可根据微博广告的投放用户规模、微博账号的粉丝数量等数据来确定,但这些数据并不完全准确,因此微博广告到达率的计算不完全准确。

6.4.4 微博广告内容的吸引力指数

微博广告内容的吸引力指数是评估微博广告投放效果的另一大指标。想要判断一则微博广告的内容是否具有吸引力,可以分析以下3个数据。

6.4.4.1 转发量

转发量是指转发过微博广告的用户数量。如果用户对微博广告内容感兴趣,可以自主转发该条微博,分享给其他用户。

6.4.4.2 评论量

评论量是指微博广告下用户评论的数量。用户对微博广告内容感兴趣,通常会愿意表达自己的观点，最直接的方式是评论该条微博。新媒体广告人员也可以对用户的评论进行回复，形成双向互动。

6.4.4.3 点赞量

点赞量是指用户对微博广告点赞的数量。有些用户不愿进行评论，只通过点赞来表达自己对该微博内容的支持。

一则微博广告的转发量、评论量和点赞量越高，说明广告的内容对用户越具有吸引力，但有些第三方广告平台或"大V"为了使广告效果看起来更好，会粉饰数据。因此，新媒体广告人员在评估数据时要注意各指标数据值之间的比例，如果出现点赞量非常高但评论量几乎为零的情况，则要考虑数据的真实性。

6.4.5 微博广告的转化率

微博广告的转化率是指通过微博广告直接进入购买网站购买产品的用户人数与阅读微博广告的用户人数之比，通常反映微博广告的直接收益。

微博广告通常附有购买链接，用户点击购买链接可迅速进入购买界面，完成即时转化。微博广告转化率计算公式为：

微博广告转化率=通过广告购买产品的用户数量÷微博广告阅读量×100%

例如，某条微博广告的阅读量为3000次，其中有600位用户通过广告进入购买页面购买了产品，那么该条微博广告的转化率为20%。

微博广告的转化率是否达标，与广告的投放成本息息相关。微博广告的投放成本越高，对转化率的要求也就越高。

> **思考与练习**
>
> 1. 微博作为广告平台具备哪些特点？
> 2. 简述微博广告的分类。
> 3. 简述微博广告的运作方式。
> 4. 简述目前我国微博广告营销中存在的问题。

6.5 微博广告项目实训：HBN

6.5 项目实训

第7章

新媒体广告之网络直播广告

直播概述

网络直播广告概述

本章习题

学习目标

7.1 直播概述

7.2 网络直播广告概述

7.3 网络直播广告的动作模式

7.4 网络直播广告的投放策略

7.5 网络直播广告项目实训：统一藤椒方便面

  以抖音、快手为代表的网络直播平台爆火，各个平台上的用户数量快速增长，网络直播用户规模快速扩大是多种因素共同作用的结果。智能手机的普及影响了人们的媒介接触习惯，很多人对手机产生了依赖，而通信技术的发展，包括5G网络的出现和覆盖给对网络环境要求较高的直播提供了便利。直播节目的丰富性满足了受众多样的需求，有的人通过看直播来放松自己，有的人用来打发时间，有的人用来学习知识，不同兴趣和目的的人都可以在网络直播中找到属于自己的"圈子"。多样化的内容、稳定增长的用户量和年轻化的用户特征使得直播平台被越来越多的品牌方重视，相对应地，直播平台也在不断开辟广告位置并进行商业资源包装。本章主要讲解直播与广告传播、直播广告的特征以及直播广告的表现形态、价值、运作方式等知识。

7.1 直播概述

随着互联网技术和移动设备的不断发展，网络直播行业兴起并呈迸发式发展。据中国互联网络信息中心的第51次《中国互联网络发展状况统计报告》显示：截至2022年12月，我国网络直播用户规模达7.51亿，较2021年12月增长4728万，占网民整体的70.3%。与其他传统的传播方式相比，网络直播具有全民性、便捷适应性、双向互动性、内容真实性和形式多样性等无法比拟的特点和传播优势。

7.1.1 直播的基本概念

"直播"一词由来已久，在传统媒体平台已经有基于电视或广播的现场直播形式，如晚会直播、访谈直播、体育赛事直播、新闻直播等。因此，在传统媒体平台上，直播是指"与广播电视节目的后期合成、播出同时进行的播出方式"。

随着信息技术的发展和互联网移动端口的普及，直播的概念有了新的延展。如今，人们口中的"直播"大多是指网络直播。网络直播是指在现场随着时间推移、进程发展同步制作和发布信息，具有双向流通过程的信息网络发布方式，如淘宝直播、抖音直播等。

直播显著的特征，即"即时事件"和"直达用户"。用户在计算机或手机上安装直播软件后，利用计算机摄像头或手机摄像头对日常生活、旅行景况等进行实时呈现，与事件的发生、发展进程同步，其他用户可在相应的直播平台或网页直接观看未经后期加工的直播并参与互动。

网络直播与传统直播相比，具有以下3个优势。

7.1.1.1 发布快捷

便携式移动通信设备为主播提供了能够随时随地对周边转瞬即逝的事件进行直播的便利条件。主播第一时间进行直播，用户也能第一时间观看直播。

7.1.1.2 双向互动性强

在网络直播过程中，用户不再只是单纯的信息接收者，用户可以发布即时评论，也可留言，与主播互动，双方可在线讨论同一事件。

7.1.1.3 直播趣味化

主播在直播的过程中可以利用不同的直播功能（如滤镜、涂鸦、变声等）增加直播的趣味性，也可在直播中加入一些情节，让直播变得生动有趣。

7.1.2 网络直播的进化简史与趋势

7.1.2.1 网络直播进化简史

中投顾问在《2016～2020年中国网络直播行业深度调研及投资前景预测报告》中提出，

可以将互联网直播行业的发展历程分为5个阶段，见表7-1。2005年，我国的9158平台开创了视频聊天业务，随后呱呱、YY等同类平台出现，构成了最开始的网络直播。2009～2013年，网络直播受到了广泛的关注，大量PC端直播平台参与其中；2014～2016年，越来越多的视频直播网站加入直播行业，网络直播飞速发展；2017年，受政策以及资本的影响，PC端的网络直播逐渐走下坡路。与此同时，随着网络技术的持续发展，网络直播的形式也越来越多样化，不同身份的人都共同参与到直播带货当中，直播带货渐渐火遍全国。2020年以来，实体商业备受冲击，线下的商铺纷纷转战线上，商家开始通过网络直播的方式与消费者进行互动，他们或是安排网络红人推销产品，或是店主亲自上阵，提升了线上销售的多样性，也吸引了更多的网络用户进行线上消费。通过直播，一些陷入营销困境中的中小企业得以复工复产，带货主播也可以通过网络直播实现流量的变现。

表7-1 我国互联网直播行业发展的5个阶段

阶段	直播形式	直播内容	代表平台或形势
1.0时代（2005～2007年）	秀场直播	以歌舞表演为主	六间房、YY直播
2.0时代（2008～2014年）	游戏直播	游戏赛事、实时游戏直播	虎牙、斗鱼、战族TV
3.0时代（2015年）	泛娱乐"直播+"	各行各业资源融入直播	"直播+教育""直播+医疗""直播+金融"
4.0时代（2016～2018年）	电商直播	电商产品销售	淘宝直播、抖音直播
5.0时代（2019年至今）	VR+直播	虚拟现实与直播结合	2019年春节，央视春晚采用"5G+VR"进行实时直播

7.1.2.2 网络直播发展趋势

随着科学技术的发展，直播媒体不断发展，从早期的电台直播发展为电视直播、电脑直播；如今，手机直播因其方便、快捷的特点，成为主流直播媒体。

（1）技术门槛降低。从电台直播到手机直播，直播的技术门槛大大降低，主播不再需要非常专业的设备，只需几步操作，便可开启直播。

（2）参与人群增加。技术门槛的降低也为更多人群参与其中创造了机会。无论何时、何地，只要有网络和手机，主播都可以开启直播，分享自己想要分享的内容。

（3）内容形式多元。除了传统媒体平台的晚会、访谈内容等，直播主题也呈现多元化，主播可以根据自身特长、兴趣自主决定直播内容，可供选择的范围极广。

7.1.3 网络直播的六大类型

根据直播内容的区别，可将网络直播分为六大类型，即电商型直播、教学型直播、才艺型直播、商务型直播、生活型直播和游戏型直播（表7-2）。

表 7-2 网络直播的六大类别

类型	直播目的	主要变现方式	代表平台
电商型直播	营销、"带货"	出场费、销售佣金	淘宝直播、京东直播、快手、拼多多
教学型直播	教学	课酬、销售提成、出场费	小鹅通、瞩目、鲸打卡
才艺型直播	娱乐	打赏分成、广告植入	快手、抖音
商务型直播	会议	不以变现为目的	钉钉、企业微信
生活型直播	分享	打赏分成、广告植入	微博、QQ空间
游戏型直播	解说	平台流量分成、打赏分成、广告植入	虎牙直播、斗鱼

7.1.4 常见的网络直播平台

网络直播的火爆直接促进了网络直播平台的繁荣发展。常见的网络直播平台包括抖音、快手、淘宝直播、虎牙直播、腾讯课堂等。

7.1.4.1 抖音

抖音的用户画像：男性用户和女性用户比例均衡；年龄主要集中在24～40岁；主要分布在四线及以上城市；用户活跃时间主要为8：00～22：00；各个年龄段用户的内容偏好有所区别，但主要集中在游戏、电子产品、穿搭、母婴和美食领域。

抖音的广告投放优势是：流量大、能够精准投放、投入成本低。

抖音最早是一款音乐创意短视频社交软件，以音乐创意表演内容打开市场，获得了大量用户。虽然抖音通过短视频业务获取了巨大的流量，但是抖音的直播功能起步较晚，直到2017年年底，抖音才正式上线直播功能。然而，基于抖音庞大的用户流量，抖音在直播上依旧取得了不错的成绩（图7-1）。抖音直播平台与其他直播平台相比，具有流量大、投放精准、计费灵活三大优势。

▲ 图7-1 抖音直播平台

（1）流量大。艾瑞数据2023年3月发布的数据显示，无论是总使用次数占比，还是总有效使用时间占比，抖音在同类型软件中的流量都处于领先的地位。

（2）投放精准。抖音直播平台能够利用用户画像分析用户的兴趣爱好，进行有针对性的推送，减少对用户的干扰，还可以帮助直播营销者精准找到目标用户。

（3）计费灵活。抖音直播平台的计费方式灵活，可由新媒体广告人员自己把控。

7.1.4.2 快手

快手是北京快手科技有限公司旗下的产品（图7-2）。快手的前身叫"GIF快手"，诞生于2011年3月，最初是一款用来制作、分享GIF图片的手机应用。2012年11月，快手从纯粹的工具应用转型为短视频社区，用于用户记录和分享生产、生活。后来随着智能手机、平板电脑的普及和移动流量成本的下降，快手在2015年以后迎来市场机遇。

▶ 图7-2　快手直播平台

2019年11月，快手短视频携手中央广播电视总台春节联欢晚会正式签约"品牌强国工程"强国品牌服务项目。快手成为中央广播电视总台2020年春节联欢晚会独家互动合作伙伴，在晚会上开展红包互动。2021年2月5日，快手正式在中国香港交易及结算所有限公司上市，首次公开募股融资规模为54亿美元。2023年8月10日，在2023快手光合创作者大会上，快手首次正式公布了大模型方面的进展。快手AI、用户增长业务负责人王仲远在会上展示了全模态、大模型AIGC解决方案和AIGC数字人产品"快手智播"。

7.1.4.3 淘宝直播

用户画像：男女用户整体比例为4∶6；以"80后""90后"用户群体为主；用户整体偏好女装、美妆、母婴、食品类。淘宝直播的广告投放优势是品类多、有保障、专业互动、品类多样。

淘宝直播是阿里巴巴基于自身的电商资源推出的直播平台，定位于"消费类直播"，直播商品涵盖范围广且购买方便。淘宝直播平台于2016年3月开始试运营，初期一直作为手机淘宝的板块之一，依托淘宝平台得到了大量的商家与供应链资源，以及庞大的用户群体。2019年春节期间，淘宝直播正式上线独立App（图7-3）。

▶ 图7-3　淘宝直播

由于淘宝直播是商家售卖产品的辅助工具，其目的是向平台引流，从而提升商家的产品销量，因此，淘宝直播具有以下优势。

（1）商品品类多，有保障。依托淘宝平台强大的商品供应和分析能力、完整的粉丝运营链路及保障全面的物流服务平台，且目前线上、线下商家均纷纷开播，因此，淘宝直播间里的商品种类繁多，几乎覆盖所有商品种类，同时拥有强大、完善的物流与售后保障体系。

（2）专业互动。淘宝直播中的主播，发挥的功能和线下商场中的导购类似。对于自身销售的商品，主播能通过淘宝直播，以专业的方式解答用户的各类疑问，从而提升从直播用户到店铺顾客的转化率。

7.1.4.4 虎牙直播

用户画像："90后"用户超80%；男性用户和女性用户比例约为7∶3；主要集中在广东、江苏和浙江等沿海省份，且二线及以上城市占比接近50%；用户更加偏好游戏领域。

虎牙直播的广告投放优势是：主播和用户对平台的忠诚度较高，平台建立了对应的主播团队。

作为我国最早的游戏直播平台之一，虎牙直播覆盖超过3300款游戏，并已逐步涵盖娱乐、综艺、教育、户外、体育等多元化的弹幕式互动直播内容（图7-4）。

虎牙直播的前身为"YY直播"，由于起步早，在YY直播时期已经积累了大量的优质主播和用户。虎牙直播

▲ 图7-4 虎牙直播

正式独立运营以后，这些主播和用户纷纷进入虎牙直播这一全新的直播平台。由此可见，不论是主播还是用户都对虎牙直播有较高的忠诚度。

7.1.4.5 腾讯课堂

用户画像：男性用户和女性用户占比分别为58%和42%；70%的用户年龄在29岁以下；本科学历用户占比达到56%；不同地域的用户偏好有所不同。

腾讯课堂的广告投放优势是：积极打造成长平台，具有完善的奖惩机制。

腾讯课堂是腾讯公司推出的专业在线教育平台。作为国内知名的在线职业教育平台，腾讯课堂整合了大量优质名师和教育机构，将有学习需求的用户与创造优质内容的教育机构或老师相连接，打造老师在线上课、学生及时互动学习的课堂。

腾讯课堂下设多种在线学习精品课程，如英语口语、考证考级、托福雅思、公务员考试、职业培训等；同时提供语言、留学、互联网、设计创作等多领域的职业教育课程，帮助广大用户提升职业和就业技能。

作为专业的在线教育平台，腾讯课堂具有以下两个优势。

（1）积极打造成长平台。腾讯课堂以第三方教育机构为主，利用自身的品牌流量优势，结合教育机构的课程产品资源，为平台用户提供丰富优质的课程。

（2）具有完善的奖惩机制。2019年3月，腾讯课堂推出"学员无忧计划"，制订违规扣分、课程AB类惩罚和仲裁机制三大措施（图7-5）。除此之外，腾讯课堂推出的"优课计划"和"严选计划"，同样采取考核、奖励等方式，鼓励机构生产优质课程，并严格筛选优质机构。

▲ 图7-5 腾讯课堂"学员无忧计划"

思考与练习

1. 直播不同发展阶段内容和形式发生了哪些变化？
2. 简述直播的几大平台和各自的内容有哪些。

7.2 网络直播广告概述

7.2.1 网络直播广告的概念

从广义上来说，网络直播主要包括两种：一种是在网络上可以实时观看的电视节目，主要基于电视信号的传输，节目的制作方多为专业制作公司或电视台，直播中进行信息传播的主要是专业主持人；另一种是主要以移动App为载体进行的直播，只需要网络和一台手机，每个人都可以成为主播，参与到直播节目的制作和发布中。观看节目的人可以通过弹幕与主播互动，也可以通过虚拟道具进行打赏。

从2018年开始，以抖音为代表的网络直播平台爆火，各个平台上的用户数量快速增长，网络直播快速扩张是多种因素共同作用的结果。首先，智能手机的普及影响了人们的媒介接触习惯，很多人对手机产生了依赖，而通信技术的发展，包括5G网络的出现和覆盖给对网络环境要求较高的直播提供了便利。其次，直播节目的丰富性满足了受众多样的需求，有的人通过看直播来放松自己，有的人用来打发时间，有的人用来学习知识，不同兴趣和目的的人都可以在网络直播中找到属于自己的"圈子"，在观看节目的同时可以自由地表达和交流。除此之外，以微博为代表的社交媒体对于直播功能的添加将更多用户的注意力引入到了网络直播上。多样化的内容、稳定增长的用户量和年轻化的用户特征使得直播平台被越来越多的品牌方重视。相对应的是，直播平台也在不断开辟广告位置并进行商业资源包装，希望在激烈的市场竞争中抢占先机。近年来，广告主和直播平台都很积极，直播平台广告逐步形成一个完善的体系，双方的合作方式经历多个阶段。直播广告价值对于品牌的广告投放策略和直播平台的广告资源分布来说都是有意义的。

7.2.2 网络直播广告的价值分析

7.2.2.1 媒介定位下的广告创意价值对广告平台的商业价值

广告的传播离不开广告平台自身的市场地位和用户口碑。广告主在投放广告时会对平台进行评估，用户量大、被市场认可的平台会成为其首选。反过来，具有高曝光量的广告会给平台带来更高的关注度，而基于粉丝效应的传播将获得翻倍的关注。当下，粉丝对于明星的崇拜已经成为常态，粉丝希望能够和偶像近距离地接触和沟通，关心偶像的日常生活；明星依靠粉丝获得人气；媒介是联系粉丝和明星的渠道。明星、粉丝和媒介三者相互依赖，互惠互利。对于直播来说，明星效应更加明显，粉丝在看明星直播时，会有一种时间和空间上的亲近感，可以实时地看到明星的一举一动，直播屏幕上的任何一条信息都会引起粉丝的关注。

7.2.2.2 增强直播平台的用户黏性

有数据显示，到2023年，网络直播市场上用户数量将达到7亿。互联网巨头的资本进入使直播快速成为红海市场，新用户的增长逐渐放缓，流量的红利期已经过去。直播平台正从依靠流量增长向依靠优质内容生产转型。在这个过程中，用户对于直播平台的黏性不强，哪个平台有自己感兴趣的资源，用户就会往哪个平台移动。对于直播平台来说，广告不仅是盈利的手段，也应该是优质内容的组成部分，可以帮助平台留存用户。

而对于直播平台的选择来说，用户会受多方面因素的影响，可能是兴趣导向，可能是被网络红人或明星吸引，可能是为了愉悦心情，也可能是社交平台的分流。影响用户黏性形成的因素有很多，包括用户体验、内容吸引力、界面设计等方面。用户对一个平台的评价来自其多方面的感觉，内容不是决定性的，但内容的质量是用户考虑的一个重要因素。许多直播平台广告要经过精心策划，将品牌和当下流行的元素结合起来，通过直播、新品发布会等方式进行产品推广。直播平台广告受众量大，表现形式多样，可以充分利用有趣的内容及能引起热烈讨论和快速传播的话题吸引用户的注意力，注意力的不断积累和凝固就形成了用户黏性。

7.2.3 网络直播广告的类型

对于网络直播广告的类型划分，业界并没有具体规定，但根据广告的展现形式，可以将网络直播广告大致分为两类。

7.2.3.1 植入广告

植入广告在直播中比较常见，是指在直播过程中，提及或展示被传播对象的广告。常见的植入广告有以下 3 种。

（1）主播口头播报广告。主播口头播报广告是指主播在直播过程中，利用口头或书面语言陈述产品广告的方式。

（2）直播间贴片广告。直播间贴片广告是指在不影响直播效果的情况下，在直播画面中加贴一个专门制作的广告页面，使用户在观看直播时，能够看到广告内容。

（3）直播购物车植入广告。直播购物车植入是指在直播间右下角购物车链接中加入广告产品。虽然这种方式没有直接提及广告产品，但在无形中宣传了广告产品。

7.2.3.2 营销广告

营销广告的直接目的是销售产品，此时直播行为本身就是广告。这类广告即目前非常典型且流行的"带货"直播，通常在淘宝直播上较为常见。

营销广告是目前网络直播广告中效果最直观的一种。通常情况下，直播有其固定的主题和内容，广告只是直播内容的一部分，但营销广告贯穿直播的全过程，是一种持续性广告。

7.2.4 网络直播广告的特点

各类线下企业纷纷转战直播，使网络直播广告行业呈现出一派生机盎然的景象。网络直播广告之所以受到越来越多的商家的青睐，主要是因为具备以下四大特点。

7.2.4.1 更低的广告成本

随着市场竞争的加剧，传统广告的成本越来越高。楼宇广告、车体广告、电视广告的费用，从几十万元到上百万元不等。随着淘宝、百度等平台用户的增加，无论是搜索引擎广告还是电商首页广告，营销成本都开始增加，部分自媒体大号的软文广告费甚至超过50万元。

网络直播广告采用线上直播的形式，对场地、物料等物资需求较少，无须租借场地、户外宣传、布置大型会场、聘用大量工作人员，可有效降低广告成本。

7.2.4.2 更快捷的场景搭建

用户在网站浏览产品图文或在网店查看产品参数时，需要在大脑中自行构建场景。但网络直播广告对特有信息具有实时共享性，主播通过试吃、试玩、试用，直观地搭建使用场景，为用户提供身临其境般的场景化体验，以此制造沉浸感，使用户了解产品或服务的具体细节。

7.2.4.3 更深入的沟通交流

在其他广告的投放过程中，用户无法直接与新媒体广告人员交流。但在网络直播广告投放过程中，用户可即时评论，主播可即时回复用户的评论，形成无障碍沟通。主播解答用户的疑惑，还可拉近主播与用户的距离。

7.2.4.4 更直观的效果反馈

其他广告在广告投放结束后才能进行效果监测，而网络直播广告在投放过程中即可进行监测。比如，用户是否购买了产品、购买了哪些产品、购买了多少产品等信息，会一目了然地呈现在直播系统后台。

同时，新媒体广告人员借助直播可以收到反馈：一方面可以收到已经使用过产品的用户的反馈；另一方面，可以收获观看直播用户的即时反馈，便于新媒体广告人员总结经验，反思问题，有助于后续网络直播广告的投放。

思考与练习

1. 媒介定位下的直播广告创意价值在哪里？
2. 请详细说明直播广告的分类及特点。

7.3 网络直播广告的运作模式

网络直播广告的运作模式通常涉及广告主、直播平台、主播和观众之间的互动和合作。下面是网络直播广告的一般运作模式。

（1）广告主选择合适的直播平台。广告主会选择适合自己的目标受众和广告需求的直播平台。不同的直播平台可能有不同的用户群体和特点，广告主需要根据自己的目标受众和推广目的选择最合适的平台。

（2）广告主与直播平台合作。广告主与直播平台达成合作协议，商定广告投放的细节和条件。这可能包括广告投放时间、形式、频率、定价等方面的约定。

（3）选择合适的主播。广告主可以选择同知名主播合作，或者同与其目标受众相关的主播进行合作。主播的影响力和受众群体是广告主考虑的关键因素。

（4）广告内容创作。广告主和主播一起确定广告的内容和创意。根据广告主的要求和目标，主播可以根据自己的风格和直播内容来创作广告内容。

（5）广告投放和嵌入。在直播过程中，广告会以不同的形式投放和嵌入。这可能包括插播广告、品牌植入、赞助标识、红包/打赏活动等。广告会在直播过程中出现，与主播和观众的互动结合在一起。

（6）观众互动和参与。观众可以对广告进行互动和参与，例如点击链接、购买产品、参与抽奖活动等。这种互动可以增加观众对广告的关注度和参与度。

（7）数据分析和效果评估。直播平台会提供广告数据和效果分析，广告主可以根据这些数据来评估广告的投放效果，并做出调整和优化。

以上是一般的网络直播广告运作模式，具体的细节和步骤根据广告主、直播平台和主播之间的合作关系和协议而有所不同。重要的是，广告主、直播平台和主播之间的合作与沟通对于广告的成功与效果至关重要。

7.3.1 网络直播广告的运作价值——以抖音为例

抖音作为一个短视频分享平台，具有广阔的用户基础和活跃的用户群体，为广告主提供了丰富的商业价值。以下是抖音广告的一些商业价值。

7.3.1.1 庞大的用户群体

抖音拥有全球数十亿用户，覆盖了各个年龄段和兴趣领域的用户。这意味着广告主可以通过在抖音上投放广告，触达大量潜在用户，扩大品牌曝光和影响力。

7.3.1.2 高度个性化的推荐算法

抖音基于用户的兴趣和行为偏好，通过推荐算法为用户提供定制化的内容，这也为广告主提供了精准投放的机会。广告可以根据用户的兴趣和行为特征进行定向投放，提高广告的曝光率和转化率。

7.3.1.3 创意形式的多样性

抖音支持多种创意形式的广告，如原生视频广告、品牌挑战、品牌合作、植入式广告等。这种多样性的创意形式为广告主提供了更多的选择，可以根据品牌特点和广告目标选择最适合的广告形式，增加广告的吸引力和互动性。

7.3.1.4 用户参与度高

抖音用户对内容的参与度较高，喜欢与视频互动、评论和分享。这为广告主提供了与用户进行互动和品牌传播的机会。广告可以设计引人注目的创意，吸引用户的注意力，并通过用户的参与和分享扩大广告的影响范围。

7.3.1.5 数据分析和优化

抖音提供了广告数据分析工具，广告主可以通过实时数据监测广告效果，并进行优化调整。这有助于广告主了解广告投放的效果和用户反馈，以优化广告策略，提升广告的效果和投资回报率。

综上所述，抖音广告具有庞大的用户群体、个性化推荐算法、多样的创意形式、高用户参与度以及数据分析和优化等商业价值。广告主可以通过在抖音上投放广告，实现品牌曝光、用户互动和销售转化等商业目标，从而获得更大的商业价值。

7.3.2 网络直播广告的运作策略——以抖音为例

7.3.2.1 第一阶段：设计开场话术

开场是直播给用户留下第一印象的时候。通常，直播开场的第一分钟，会决定用户是否继续留在直播间。一个好的直播开场是一把打开用户观看欲望大门的钥匙，能够瞬间激发用户的观看兴趣，并且能够为接下来的广告做铺垫。

对于直播广告而言，开场的主要作用是为后续广告做铺垫。开场话术可以分为两部分，即开场欢迎话术和暖场话术。

（1）开场欢迎话术。开场欢迎话术需要从3个方面进行设计，具体见表7-3。

表7-3　开场欢迎话术的3个要素

要素	做法	示例
将用户带入直播场景	介绍直播主题	Hello！今天有"中秋夜超值回馈活动"哦
将用户留在直播间	利用具有吸引力的话术，激发用户兴趣	Hello！我们来咯！今天晚上的直播有很多惊喜等着大家，很多品牌都是超低价哦
让用户有参与感	引导用户留言、互动	Hello！大家好！能听到我的声音吗？已经到了的观众在评论区留下你们的足迹

2020年4月6日晚，某淘宝知名主播与某电视台主持人联合开启了一场公益直播，直播的主要目的是帮助湖北售卖特产。在这场直播中，主持人在开场时作了一首打油诗，将湖北的风景和特产融入其中，引起了许多用户的注意。这种轻松幽默的开场，让直播间用户对接下来的营销内容有了初步的了解。

（2）暖场话术。暖场是为了进一步拉近主播与用户之间的距离，让用户意识到自己在直播间受重视。暖场话术可以紧跟热门话题，引导用户参与讨论。

以上两种话术的运用，都会激发用户的参与意识，保持直播间互动的活跃度。

7.3.2.2 第二阶段：运用引发需求话术

引发需求在直播中起到了承上启下的作用，既承接了开场话术，又引出了广告话术。引发需求话术主要包括以下3种。

（1）转场话术。转场话术的目的是吸引用户注意，引出下文，让广告的呈现显得不过分生硬。转场话术的设计主要从4个方面展开，见表7-4。

表7-4　转场话术设计的4个方面

做法	示例
指明利益	下面我要教大家用10秒画出眼线，有人会说：怎么可能？但因为我有这支超好用的眼线笔，我一下子就能搞定
提问互动	接下来我想问一下大家，对于宝宝喜欢吮吸手指这个问题，你们是怎么解决的呢？欢迎大家在评论区分享
举例子	我给大家举一个例子，有用户买了这个产品之后，用完觉得效果不错
游戏互动	下面我给大家准备了一个小测试，测试内容非常简单，我们可以一起来测一测

（2）提高价值感话术。提高价值感话术能让用户感觉在直播间购买产品非常值得，从而促进用户消费。提高价值感话术的设计可以从以下两个方面着手，见表7-5。

表7-5 提高价值感话术设计的两个方面

做法	示例
强调经济效益	我直播间给大家的都是很实惠的价格，买到就是赚到
强调非经济效益（时间、自由、情感等）	聪明人只会想，这个人快速地帮我达到了我想要的效果，是我赚到了，因为时间就是金钱

（3）活跃气氛话术。直播间气氛活跃才能使用户有继续观看直播的欲望。主播需要在整个直播过程中不断活跃气氛。活跃气氛话术的设计可以从6个方面进行，见表7-6。

表7-6 活跃气氛话术设计的6个方面

做法	示例
风趣+调动情绪	这是能忘记前任的一支口红
流行语+使用体验	我从来没有感受过这么丝滑的唇釉，好用到没朋友
夸张+指明价值	让你白到发光的秘密武器
感叹句+改变语调	啊！好闪！就像钻石一样很闪
吐槽+鼓动用户	如果这个抢不到，就可以直接睡了，其他应该也抢不到
接地气+强调优惠	这个真的好省钱啊！便宜了一半

7.3.2.3 第三阶段：形成转化

形成转化是直播中最重要的一环，也是直播广告投放成功的重要标志。在完成话术铺垫之后需要立刻对广告产品进行宣传介绍，使用户产生购买行为。形成转化的话术主要包括以下两种。

（1）推荐话术。推荐话术是指对产品进行细致的介绍，以突出产品的卖点。可以从以下5个方面着手设计推荐话术，见表7-7。

表7-7 推荐话术设计的5个方面

做法	示例
强调销量，打消顾虑	这款产品之前我们已经卖过10万套了
构建使用场景，引发五感	是一种雨后森林里的清新味道
介绍产品功效，引发用户情绪	这支唇膏真的好用，我的唇纹都减少了
强调独特性	这款泡脚桶很好用、很实惠
主播自用，增强用户信任感	我今天用的就是这款粉底液

（2）催单话术。有些用户通过主播的介绍对产品产生了兴趣，但没有产生立刻购买产品的想法。此时主播需要使用催单话术，营造紧迫感，督促用户下单。催单话术设计可以从以下3个方面着手（表7-8）。

表 7-8 催单话术设计的 3 个方面

做法	示例
免费体验，可全额退款，售后服务有保障	我们的产品都支持7天无理由退换货，不满意可以退货
强调限时、限量、限购，制造紧迫感	最后100套了，再不买就没有了
使用操控心理、算平均值等方法强调价格优惠	3个烤串的钱就能买到，算下来一天不到几毛钱

思考与练习

1. 直播广告的话术有哪些？
2. 直播广告的话术是如何提高购买率的？

7.4 网络直播广告的投放策略

7.4.1 直播间广告投放技巧——以抖音为例

7.4.1.1 用户在直播间的转化行为漏斗

如图7-6所示，用户在带货直播间的转化链路可以简单概括为"用户刷抖音的时候刷到一个直播间（展示）""点击进入直播间观看""直播间内购物车点击""直播间购物车内商品点击"和"直播间内下单并支付成功（成单）"5个部分。下面来详细分析一下各个转化行为的特点。

（1）【展示】与【观看】的区别。首先，【展示】与【观看】是有区别的。

【展示】是指用户刷抖音视频的时候刷到了直播间画面，很可能一下滑过去。中下方有一个很明显的"点击进入直播间"按钮，用户点击了这个按钮，就会全屏进入直播间。

▲ 图 7-6 直播间广告转化行为漏斗

【观看】是指用户进入了直播间、可以完整地看到直播间的内容，能参与点赞、评论、购买商品等。

【展示】到【观看】会有很多人流失。人群定向越精确、直播内容越吸引人，从【展示】到【观看】的转化率就会越高。

（2）用户观看直播过程中会产生的行为。按照我们一般的理解，看直播过程中会产生的行为是点赞、评论、送礼物，这当然没错，但还有几个行为要特别说明。

【停留】：停留时间在1分钟以上称为"停留"，停留代表用户对直播间感兴趣，也是其他所有转化行为的基础。

【互动】：包括点赞、弹幕、赠送礼品。

（3）与商品相关的行为。【购物车点击】：用户对直播间内的小黄车（购物车）进行点击。

【商品点击】：进入小黄车后，用户浏览商品并点击特定商品。

【成单】：用户进入特定商品，提交订单的按钮。

其中【成单】中，系统能够追踪的转化按钮是"提交订单"，而不是支付成功。

这一点很好理解，提交订单是电商平台的事，支付成功与否是银行的事，系统是没有权限访问银行后台的。

用户的这些转化行为就对应了投放的转化目标，接下来介绍直播间有哪些转化目标。

7.4.1.2 直播间的转化目标

常规信息流广告转化目标很固定，例如激活、注册、付费等，选定了就很少会变，但直播间的转化目标会更多一些，并且还都用得到，如图7-7所示。

图7-6中的转化目标是推广抖音号，部分端口如果可以选择"商品推广"作为推广目的，计划内会多出"购物车按钮点击"的投放目标。用户行为按照由浅入深分类，可以分成"直播间观看""直播间停留""直播间商品按钮点击""直播间成单"等。

无论用什么形式来投广告，最终都是为了能赚钱，所以直播间投放最重要的是投放效果，也就是ROI（return on investment，投资回报率，如账户消耗1元，销售额3元，则ROI=3）。

▲ 图7-7 直播间广告转换目标

7.4.2 数据评估

直播转化情况根据行业特点及广告投放目标而定，可以是销售数量、咨询数量、下载/安装/注册数量等。

7.4.2.1 销售数量

以促进产品销售为目的的直播，可以通过网络店铺后台的下单数量了解直播效果。在一场有效的直播期间及直播后的发酵期，产品销量会有明显的提升。

不过需要强调的是，除了销售数量本身，新媒体广告人员也可以对下单比例、成交比例进行分析。下单比例是指当日下单人数除以当日浏览人数，如果店铺浏览人数激增而下单人数很少，说明直播广告向网店引流的目的已经达到，但页面吸引力不足，导致下单人数少；成交比例是指当日付款人数除以当日下单人数，如果下单人数多而成交比例小，说明店铺的支付功能可能存在问题。

7.4.2.2 咨询数量

传统教育、工业设备行业等通常不通过线上直接成交，仅通过互联网咨询并达成初步意向，随后在线下实现销售。因此，这类行业的转化情况主要通过咨询数量分析。综合直播期间及直播后的商品咨询数量、网站咨询数量、微信咨询数量等渠道整体咨询数据，可以得出直播的咨询转化效果。

7.4.2.3 下载/安装/注册数量

游戏、软件等行业的广告投放目标不一定是销售数量，有时会是游戏下载数量、软件安装数量、新用户注册数量等。对这些数据进行直播前后对比，可以看出直播对引导用户下载、安装、注册的作用。

7.4.3 流程评估

对直播广告投放流程进行评估，可以从以下三个方面进行。

7.4.3.1 直播间观看人数

直播间观看人数在后台数据中有详细记录，对观看人数多的时段和观看人数少的时段进行分析，可以了解什么样的直播内容更吸引用户、何种广告引出方式更能让用户接受。

7.4.3.2 直播间用户互动量

直播间用户互动量包括用户对直播间的分享量，以及在直播间的评论量、点赞量，参与主播发起的活动量等。对这些数据进行分析，新媒体广告人员可以清晰地知道用户对直播内容的偏好。

7.4.3.3 直播间用户反馈

主播直播的效果也可以通过直播间用户反馈看出。用户反馈热烈，一直积极参与各项活动，说明直播效果较好；用户反馈平平，很少与主播互动，说明直播效果较差。

> **思考与练习**
>
> 1. 直播间广告转化行为的步骤有哪些？
> 2. 直播转化数据如何评估？

7.5 网络直播广告项目实训：统一藤椒方便面

7.5 项目实训

第8章
新媒体广告之音频广告

音频概述

音频广告的概念

本章习题

学习目标

8.1 音频概述

8.2 音频广告的概念

8.3 音频广告的运作策略

8.4 音频广告的投放策略

8.5 音频广告项目实训：喜马拉雅广告

音频广告是指通过声音媒体传播的广告形式，它可以在广播电台、流媒体音乐平台、播客、语音助手等各种音频渠道中播放。随着新媒体的快速发展，音频广告在数字营销领域中扮演着越来越重要的角色。由于音频广告通常是在个人设备上播放，因此广告主可以利用用户的个人喜好和兴趣进行个性化和定向广告。根据用户的地理位置、音乐品味、听众分类等信息，广告主可以更好地定位他们的目标受众。总体而言，音频广告是一种有效的广告形式，可以通过声音媒体将广告信息传递给广告受众。随着数字音频媒体的兴起和受众对音频内容的需求增加，音频广告将在新媒体广告领域发挥越来越重要的作用。本章主要讲解音频传播、音频广告的特征以及音频广告的表现形态、价值、运作方式等知识。

8.1 音频概述

2021年6月，教育部发布的《中国语言生活状况报告》中，"播客"一词入选2021年高频词语范围。播客越来越多地被人们所认识和讨论。"播客"的英文podcast是苹果公司的"iPod"与"广播"（broadcast）的混成词，指的是一种向互联网发布音频、视频等媒体文件的方法。作为一种媒介形式，播客并不是新鲜事物，而是一个本要黯然退出人们视野的传统媒介，通过移动互联网技术加持，重新焕发出新的生命力。自2020年起，不管是国外播客软件Spotify的扩张、Club house的爆火，还是国内大量资本入场播客、自媒体人开通播客，都把音频播客推向了全新的发展阶段。随着生活节奏的持续加快，接收的信息碎片化是这个时代最明显的特征之一。与视频、图文相比，在线音频在伴随性场景中的优势越发突出；音频消费需求的持续上升，也使得音频行业的市场规模不断扩大。

8.1.1 音频的基本概念

音频（Audio）是一个具有多种意义的专业术语，通常指人耳可以听到的声音频率在16Hz～16kHz的声波，包括噪声等。在媒体语境下，音频通常指承载声音信息的设备或媒体。

在互联网诞生之前，人们通常所说的音频新媒体为收音机、录音机、MP3等传统媒体。在互联网技术越来越发达的今天，音频新媒体与互联网结合，成为新兴的网络音频新媒体。

根据艾媒咨询发布的报告，我国网络音频新媒体经历了以下3个发展期。

8.1.1.1 无序发展期（2005～2011年）

在无序发展期，用户只能通过声音接收设备获取音频。例如，利用收音机、计算机等在线收听广播或下载内容并导入MP3等移动设备。

8.1.1.2 音频平台探索和崛起期（2012～2016年）

在音频平台探索和崛起期，众多音频平台崛起，纷纷采用差异化竞争战略来获取用户，音频行业竞争格局基本形成。这一时期，很多企业打造具有地方特色文化的音频节目是对"音频+"的进一步探索，积极推动整个在线音频市场繁荣发展。而随着对声音的更多探索，在线音频平台将不再局限于传统的声音传播方式。因此，进行品牌升级、打造全新的品牌形态、传达不一样的品牌信息成为音频平台转型升级的关键。

8.1.1.3 全场景高速发展期（2017年至今）

在全场景高速发展期，迎来"耳朵经济"时代，行业竞争不断加剧，网络音频平台在扶持主播、开辟语音直播等方面加速布局，以期带来全场景、生态化发展。音频能够满足用户在碎片化时间获取内容及信息的需求，使用户能在做家务、散步、开车等多种场景下获得声音信息。音频能让主播通过声音更好地阐述情况和渲染氛围，又使用户在获取内容时具有更大的想象空间。网络音频行业正处于高速发展中。

8.1.2 音频发展的条件

8.1.2.1 媒介技术的更新

播客的前身是传统广播及电台，由于受到技术和传播方式的限制，受众在收听内容时往往具有随机性和不可留存性，但在计算机和手机出现之后，广播的载体发生了变化，它成为人们可以随时随地点开并收听的内容。因此，在媒介新技术的推动下，音频通过互联网、物联网实现了人对人、人对物的连接，播客得以焕发新生。新兴智能设备的增加，拓宽了音频的使用场景，给播客新一轮发展提供了终端基础。音频作为一个无须投入太多注意力的媒介，迎合了人们一心二用的日常娱乐状态，因此这种"共时使用媒介"逐渐成为更多人的选择。播客在某些特定场景中，对用户的听觉世界进行占领，例如通勤的地铁上、夜晚酝酿睡意时。这些特定场景都是播客得以生存并且能够水涨船高的原因。

8.1.2.2 传播模式的迭代

传统广播由官方媒体统一制作，统一分发，受众的自主选择权较为有限。而在播客时代，这种以互联网为载体的新媒介形式，采取国际播客领域广泛使用的RSS（内容实时发布）订阅模式，每个人都能自行搜索订阅自己感兴趣的内容，因此就形成两个人手机一样、软件一样，但收到的推送内容全然不同的局面。播客的生产者可以是各行各业、各种年龄的人，他们围绕一个特定话题输出有一定质量的观点，形成播客节目的特色和主播鲜明的人设。而听众基于自己的兴趣和需求订阅收听节目，既可以随时收听以及多平台分享，还可以感受与众不同的媒介体验。

8.1.2.3 媒介地位的变化

传统广播具有陪伴性和随意性，但是这个特点很容易被其他媒介所代替。而播客是基于个人化表达，且输出某一类价值观的网络音频内容，相对于传统的网络电台更显小众。它自从诞生以来就是个性化的表现手段。如今，更有针对性、更符合个人爱好的播客节目越来越多，节目把同一圈层或是同一喜好的用户紧密联系在一起，听众在节目的评论区或是粉丝社群内，互相分享，互相沟通。也正是因为新时代网民乐于自我呈现、表达自己的观点，因此播客由单向传播变为多向传播。网民还经常自发组建播客社群。网民的创造热情和传播热情让播客成为有内心陪伴感、不可代替的媒介角色。

8.1.3 常见音频新媒体平台

在我国的网络音频市场，喜马拉雅、荔枝、蜻蜓FM被称为"三巨头"。

8.1.3.1 喜马拉雅

用户画像：男性用户略多于女性用户；汇聚4亿中等消费用户；有车的用户占据40%；"80后""90后"用户占比为63%；一、二线城市用户占比为54.3%。

广告投放优势是：多维度精准定向，有多种广告创意样式。

喜马拉雅是我国领先的在线音频分享平台，其不仅提供音频播放、下载、个性化推荐等服务，也支持用户在平台自行上传音频文件。由于采用UGC模式（User Generated Content，也就是用户生成内容，即用户原创内容，UGC的概念起源于互联网领域，即用户将自己原创的内容通过互联网进行展示或者提供给其他用户），喜马拉雅平台吸引了许多音频制作者，其中不乏"声优"（多指为影音作品做后期配音的配音演员）、主持人、原创音乐人和一些网络红人。

据中国互联网络信息中心发布的数据显示，2022年我国在线音频市场用户规模达到4.89亿人。就用户平台使用情况分布来看，喜马拉雅使用比例高达65.4%。音频市场主要包括以娱乐类音频为主的移动电台、以出版类读物音频为主的有声阅读、以主播与用户进行语音互动的音频直播三大类，而喜马拉雅作为涵盖这三大类音频的综合性平台，在"耳朵经济"不断发展下，拥有更为广阔的市场前景。

8.1.3.2 荔枝

用户画像：男性用户和女性用户比例大概为3.5∶6.5；35岁以下用户占比为68.43%；中等消费用户与中高消费用户二者的占比和为62%。

广告投放优势是："音频FM+音频直播+知识付费"。

荔枝是我国UGC音频社区。荔枝以"帮助人们展现自己的声音才华"为使命，重塑传统音频行业中原本割裂的音频制作、存储、分发产业链，实现每个人都可以通过手机一站式创造、存储、分享和实时互动，让人们"用声音记录和分享生活"。

荔枝App主要有以下三大特点。

（1）UGC主导的内容生产模式。在荔枝App上，人人都是创作者，可以录下自己的声音并将其发布在平台上。

（2）多元化的内容。荔枝App拥有情感、二次元、广播剧、有声书、娱乐资讯、轻音乐、助眠、儿歌等诸多频道，满足不同用户在不同场景下听取不同内容的需求。

（3）升级版社区。荔枝App新增了音乐直播、情感直播等内容板块，用户可参与直播，进行在线语音交友。荔枝App还设置了"荔枝实验室"，用户可在开放平台上听声音找朋友。荔枝App以声音作为媒介连接用户，构造了声音社区，有利于增强用户黏性。

8.1.3.3 蜻蜓FM

用户画像：男性用户和女性用户比例较为不平衡，男性用户超过60%；用户人群主要分布在一、二线城市。

广告投放优势是：音频资源多，垂直领域竞争力强。

蜻蜓FM是一款网络音频应用，于2011年9月上线，是我国领先的音频内容聚合平台之一。蜻蜓FM以"更多的世界，用听的"为口号，为用户和内容生产者共建生态平台，汇聚广播电台、版权内容等优质音频IP，覆盖文化、财经、科技、音乐、有声书等多种类型。

网络音频平台从音频形式上可划分成直播互动、有声阅读、综合三种。作为综合性平台的蜻蜓FM不仅具有其他竞争平台的内容，在直播互动和有声阅读的细分领域也可占据市场。

版权内容一直是平台竞争力的核心。蜻蜓FM的版权内容获取来源比较多，包括与出版机构、资讯平台、传统电台等版权方进行合作。蜻蜓FM也致力于用户生产内容的扶持，吸引自媒体、UGC用户、音频内容制作机构等内容制作方的参与。

思考与练习

1. 简述音频的传播模式和媒介地位。
2. 简述音频的新媒体平台有哪些。

8.2 音频广告的概念

8.2.1 音频广告的定义

新媒体音频广告与传统的声音录播、电台广告不同，传统音频广告通常以声音广告插入的方式呈现，但新媒体音频广告为了使音频内容呈现效果更好，不再以纯粹声音广告的方式呈现，而是既包括听觉型的纯声音广告，又包括视觉型的图片广告。

音频广告（Audioads）即将4~30秒不等的广告音频，添加至音频播放前、音频播放中或音频播放后这三个位置，在广告音频处于播放状态且屏幕处于亮屏状态时，可在音频播放页的中心位置展示与广告音频相关的广告创意，包括大图、弹幕、动图、泡泡条等样式（图8-1）。音频广告属于广告营销的一种方式，企业借助音频，通过群或者好友发布一些带有广告性质的产品信息、促销

▶ 图8-1 弹幕、泡泡条等样式广告

信息，或者可以通过图片发布一些网友喜闻乐见的表情，同时加上企业要宣传的标志。音频广告是新媒体广告的一种新类型，在许多广告客户和广告代理商眼中，音频广告已经成为吸引大量广告费用投入的新媒体平台。通过音频平台发布广告，可以对特定人群产生影响，广告传播效果在一定范围内是可控的。在数字音乐领域，由于广告音频是口播式，营销倾向明显，相比于节奏性强、音域广阔的音乐内容，听感差异明显，导致用户的接受度较低。

广义上的网络音频是指通过网络传播和收听的所有音频媒介内容，但数字音乐领域拥有独立的产业体系，涉及版权交易、专辑宣发等复杂环节，可作为一个单独类别。狭义上的网络音频则指代音频节目领域。目前国内网络音频主要包括音频节目（音频广告）、有声书及广播剧、音频直播和网络电台等实现形式。

8.2.2 音频广告的传播和价值

网络音频刚刚兴起之际，人们对其给予厚望，一方面是由于它的新鲜感，另一方面就是它优于传统媒体，没有广告，极大地提高了用户的观看体验。但是，随着网络音频受众数量的大幅增加，广告主的目光也追随到这片"媒介净土"。

音频广告本身具有愉悦大众的功能，它自身具有社群性，拥有共同兴趣爱好的受众关注同样的音频广告频道，可以根据受众搜索的关键词，推送相关性高的个性化定制广告，提高广告投放的精准度。例如，用户在音频广告网站中搜索"狼图腾""预告"这两个关键词时，在弹出他要检索的视频以外，网站还会推送该电影正在上映的购票信息或图书《狼图腾》打折销售的广告信息。音频广告的传播主体数量增长较快，它的传播主体由最初的普通网民逐级增长，名人、企业也更为主动地使用音频广告进行传播。音频广告积累的庞大受众群日益被广告主视为潜在的目标人群。音频广告的商业价值使它天然地成为广告投放的平台。

音频广告商业模式的运营核心在于网站可以实现广告主和制作者利益上的共赢。在各大音频广告平台上，质量高、订阅量排名靠前的音频广告内容往往能够吸引广告主的注意，并使投资方有极高的意愿与这类内容进行商业合作。在经济利益的刺激下，音频广告会主动提高自己的音频作品质量，以获取广告收入。音频为广告提供了发展场所，广告介入音频也是必然的选择。

随着移动互联网的快速发展，移动播客成为音频广告传播的新平台，尤其是移动小屏广告受到广告主的青睐和广告用户的欢迎。在网络游戏中植入音频广告成为一种新趋势。

相比于其他类型的广告，音频广告比较独特：一方面，音频广告应用门槛高，高于搜索广告，几乎只适用于音频媒体；另一方面，音频内容相比文字、视频内容有着独特的优势。通过音频平台，用户可以解放双手和眼睛，仅用耳朵接收信息，几乎能满足全场景的碎片化需求，包括开车、做家务、通勤、运动、睡觉等；而通过其他平台，用户需要亮屏使用，付出更多的操作成本，注意力更为分散，因此只能满足部分场景的碎片化需求。

而在音频节目领域，广告音频与平台的音频内容更为契合，用户的接受度更高，若配合平台内容生产者，"粉丝效应"加成，还能衍生出更多品牌植入等营销玩法，实现平台与内容生产者共赢。目前，国内各主流音频平台均有涉猎，深度挖掘音频的营销价值，将音频广告作为重要的商业化增长点。

8.2.3 音频广告的特点

音频广告分为听觉型音频广告和视觉型音频广告，二者的特点有所不同。

8.2.3.1 听觉型音频广告的特点

（1）攻占性强。音频主攻人的听觉系统，属于闭屏媒体。数字媒体时代，海量的广告会让人们产生视觉疲劳，或多或少会被忽略。而音频广告会随着用户接收音频内容时直达用户的耳朵，用户在收听时很难过滤音频中的广告，音频的独占性就使得广告产品能很好地触达用户。

（2）强伴随性和高渗透性。过去传统广播仅限于车内场景，随着移动互联网的发展，智能手机、智能家居、车载设备和可穿戴设备等都可下载、安装音频平台，移动音频介入了用户的全时段、全场景，"听"可以随时随地发生。用户在开车、做家务、运动、休闲等场景中都可以收听音频。这种强伴随性和高渗透性能让音频广告触及用户生活的方方面面。

8.2.3.2 视觉型音频广告的特点

视觉型音频广告的特点与其他新媒体广告差异不大，主要区别在于视觉型音频广告产品多与声音内容有关。在其他新媒体平台上，视觉型广告产品多种多样，囊括了衣食住行等各方面的广告。但在音频新媒体上，视觉型广告产品多与声音内容有关，如语言学习广告、声音主播招聘广告等，通常只有这些与声音相关的视觉型广告，才能引起音频新媒体用户的注意。

> **思考与练习**
>
> 1. 音频广告作为广告平台具备哪些特点？
> 2. 简述音频广告的特点。

8.3 音频广告的运作策略

在音频新媒体平台上，音频广告运作方式通常有六大类型，分别为：IP内容、品牌电台、平台活动、主播合作、常规硬广及其他形式。

8.3.1 音频IP与品牌IP共建

8.3.1.1 品牌整合

品牌IP与音频IP共建（图8-2），品牌IP通过音频IP的粉丝效应实现品牌曝光，音频IP通过品牌IP的赞助支持给粉丝发放福利，增加粉丝黏性。音频IP内容对外招商，身份唯一，权益较丰富，包含冠名、植入、互动及衍生：冠名主要有口播冠名、皮肤套餐、专辑文字描述、配套硬广等；植入可根据品牌信息、调性及需求与节目内容深度绑定；互动可玩一些线上创意的H5，也可以定制线下主题活动；衍生可以根据品牌需求及节目内容进行创意的延展，授权客户可使用合作冠名节目的冠名称号、节目宣传素材，用于站外线上线下宣传（但是需注意：明星肖像与节目标识视觉形象不可分开单独延展使用，同时必须注明节目名称及音频平台，不可二次改编和转授权，物料需要经过节目审核）。

▲ 图8-2 音频IP与品牌共建流程

例如2022年999感冒灵通过剧星传媒冠名合作了喜马拉雅的《多多读书第二季》，合作周期共48期，权益包括口播冠名、彩蛋定制、线上活动、联合推广等。节目总播放量达到8187.1万，单期平均播放量达170.5万，专辑订阅量8.8万，节目完播率高达70.78%，相当于每10个人中就有7人完整收听。

8.3.1.2 品牌付费

第二种IP内容的合作形式是品牌请"课"，围绕品牌主题邀请明星、专业人士开课，让品牌为用户买单付费节目；为了获得免费收听的资格，用户通过积赞等方式分享、传播，通过这种方式，实现传播品牌的目的。具体为音频平台上推出了付费才能收听的节目，广告主挑选平台上与自己品牌调性契合的付费专辑，购买一定数量的听课券或优惠券通过活动赠送给品牌目标用户。平台上各类高曝光、高点击的流量入口展示品牌请"课"活动广告。用户通过互动形式（如抽奖或者社交分享等活动）获得券后方可免费听取，可以为品牌在站外带来二次曝光。

例如2019年天猫年货节与《郭论》合作的品牌请"课"。《郭论》在春节前推出了论年俗的主题内容，与天猫年货节恰好契合。天猫买断2000份价值200元（即40万）的《郭论》节目兑换码以H5互动的形式送给用户。喜马拉雅通过站内硬广投放引流到"品牌请课H5"，让用户参与H5互动赢取《郭论》的兑换券进行免费听取（图8-3）。

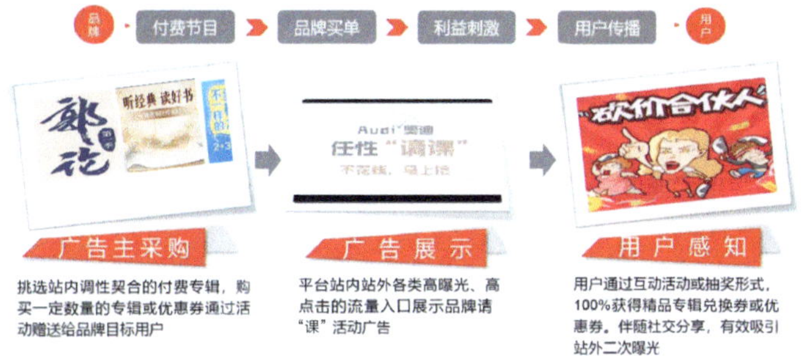

▶ 图8-3　品牌请"课"案例——天猫年货节

8.3.1.3　品牌共建

第三种IP内容的合作形式是IP共建，即根据品牌的主题调性与平台强强联合，双方共同孵化IP。我们可以看一个经典案例：2020舍得联合喜马拉雅出品的《舍得智慧讲堂》第二季，主讲人是曹启泰，43期个人脱口秀，5期专业人士访谈，线下4期直播，专辑截至2022年年底总播放量12.5亿，平均每期播放量在2300万左右，单期最高播放量达5701万（图8-4）。

▶ 图8-4　舍得联合喜马拉雅出品的《舍得智慧讲堂》第二季活动

8.3.2　品牌电台

品牌电台就是品牌在音频平台的营销阵地官方蓝V认证，电台自有且永久存在，类似微博上的品牌官微，或者说是微信上的公众号（图8-5）。

品牌电台运作模式是：由平台上的主播或者邀请明星、专业人士根据品牌调性进行内容产出，再由平台进行内容推广。品牌电台内容位的推广是利用大数据算法生成用

▶ 图8-5　品牌电台运作模式（以喜马拉雅为例）

户画像,实现智能匹配,进行精准投放。如2022年,欧珀莱合作的品牌电台《时光雕琢素颜美》,邀请了四位人气主播小默、晓希等进行内容生产,更新时长共计3个月,专辑总播放量达619.2万(图8-6)。

▶ 图8-6　品牌电台案例——欧珀莱品牌电台《时光雕琢素颜美》

8.3.3　平台活动

8.3.3.1　喜马拉雅平台特色活动(部分)

(1)"123知识合伙人"系列。喜马拉雅首创的一年一度内容消费狂欢节"123狂欢节"(图8-7)已经成为声音内容的全民盛会。2022年"123狂欢节"迎来3位知识合伙人的慷慨赞助,享受大流量红利,品牌形象进一步加持。

▶ 图8-7　喜马拉雅"123狂欢节"

(2)喜马拉雅趣配音。喜马拉雅创建的趣味短视频配音功能。用户可选择多种分类的魔性热门配音素材,跟随角色字幕,模仿或创意配音,体验飙戏快感和配音魅力。

(3)品牌跨界。2020年6月22日喜马拉雅宣布与肯德基达成合作,两个品牌的用户仅需一份会员价格即可同时享有喜马拉雅VIP会员季卡与肯德基WOW会员大神卡季卡的所有权益(图8-8)。大神卡是肯德基推出的付费会员产品,属于整个肯德基WOW会员体系中主推的系列,权益内容为在会员有效期内享受三大权益:每天1次早餐两件套6折,每天2次免外送费,每天1次大杯现磨咖啡10元。

此前,喜马拉雅已先后与优酷、腾讯视频、美团、京东、财新、芒果TV、爱奇艺等品牌实现会员权益共享。喜马拉雅与肯德基达成合作后,将携手为年轻用户打通线上线下体验，拓展生活方式领域消费的广度，丰富双方会员权益的使用场景，切实提升双方会员产品含金量。

8.3.3.2 荔枝平台特色活动（部分）

（1）跨平台H5音频互动——围绕品牌或产品进行主题音频定制。为品牌定制跨平台音频互动，用户按照活动要求上传音频作品、投票分享；实现用户与品牌传播信息的深度互动。例如荔枝&新世相"晚安故事博物馆"将"声音"与"陌生人的善意"元素结合，在活动中回复"晚安"，说出你对于陌生人的问候，就会通过晚安故事交换系统收到来自另一个用户的语音（图8-9）。

（2）品牌年度盛事——围绕品牌或产品进行主题定制或者冠名。面向全平台举行公益主题比赛、歌唱比赛、脱口秀比赛等，品牌以冠名形式推出。吸引众多播客参与比赛，赢取奖励，一炮而红。荔枝每年会举行一些重大的盛会，如每年5月18日的荔枝声音节、9～10月的大学生音乐比赛、年底的年度盛典、荔枝城市代言人活动等（图8-10）。

▲ 图8-8 喜马拉雅联合肯德基推出活动

▲ 图8-9 荔枝&新世相"晚安故事博物馆"

▲ 图8-10 荔枝FM平台特色活动（部分）

▲ 图8-11 "萌娃故事会"

8.3.3.3 蜻蜓FM平台特色活动（部分）

（1）亲子IP《星空下的童话》线下活动"萌娃故事会"。作为节目《星空下的童话》线下衍生活动，"萌娃故事会"旨在让孩子们通过讲述及表演童话故事带领全场观众一同沉浸于美好梦幻的童话世界中，同时也提供一个舞台让活泼可爱的萌娃们展现自己的才艺与魅力（图8-11）。

（2）节点专题活动——节点的专题活动。针对特定产品或品牌推出的宣传促销活动，如限时优惠、新品发布等，或者根据不同节日或庆典，组织特定主题的庆祝活动，比如每年的520告白日、母亲节等（图8-12）。

8.3.4　主播合作

品牌可以邀请人气主播在节目中进行内容植入或者节目定制，利用KOL粉丝效应，让广告成为有料的节目定制/软植。主播合作的优势有：

（1）时效性长，节目永久存在，传播效果持续最大化；

（2）主播效应，KOL口播品牌，实现粉丝引流；

（3）软植入，品牌与产品信息自然融入节目，增强好感度；

▲ 图8-12　"倾听·最美告白"

（4）精准化，节目就是人群的筛选器，通过多元独占内容实现标签化人群的精准营销；

（5）差异化，通过不同节目，触达不同亚文化领域，如爱学习、爱运动、亲子教育、时尚人群、失眠人群等。

8.3.5　硬广合作

（1）展示广告+高曝光形式广告，如图8-13所示。

（2）展示广告+高效转化类广告，如图8-14所示。

▲ 图8-13　展示广告+高曝光形式广告

（3）展示广告+奇趣创意类广告，如图8-15所示。

（4）音频直播。以荔枝的音频直播合作为例，人气主播直播时，直播背景可以设计成客户的品牌，在直播期间也可以在互动的公屏上发布相关品牌产品的信息，也可根据需求定制用户互动，如直播间发红包，可以是购买的优惠抵扣券等（图8-16）。

▲ 图8-14 展示广告+高效转化类广告　　　　　▲ 图8-15 展示广告+奇趣创意类广告

▲ 图8-16 与荔枝直播合作示例

思考与练习

1. 音频作为广告平台具备哪些特点？
2. 音频的品牌共建项目有哪些？
3. 你认为比较好的音频广告推广方式有哪些？

8.4　音频广告的投放策略

随着人们生活节奏的加快，人们与各种媒体接触的频率不断提高，获取信息的广度与深度都有所增加，音频广告的用户对广告的免疫力越来越强。因此，如何提高音频广告的投放效果，成为新媒体广告人员需要重点思考的问题。

8.4.1　音频广告的整合投放策略

形式单一、创意匮乏的音频广告，如今已经很难得到广泛传播。这类音频广告难以全面展现产品或服务的特点，与其他同类产品的广告相似性极高，很容易引起用户的审美疲劳。同时，传统的音频广告通常制作简单，只需将音频广告录制下来，在广播电台等媒体中播放，广告成本低。但在当前移动音频App盛行的情况下，只进行简单录制即可播放的音频广告已经难以俘获用户，更难以收获目标用户，音频广告投放效果难以保证。在这种情况下，将音频广告进行形式、创意等各方面的整合投放，成为新媒体广告人员新的音频广告投放方向。

音频广告的整合投放主要可以从三个方面进行，即不同创意的整合、多种形式的整合及不同播出时长的整合。

8.4.1.1 不同创意的整合

广告主投放音频广告，有多种多样的需求，如前面提到过的品牌广告、促销广告等，这些广告投放的侧重点不同。新媒体广告人员在投放音频广告时，可以将这些不同的广告需求进行创意整合，采用多个不同创意表现诉求，从不同的角度宣传产品或服务。

如此一来，以往单一的广告形式更加丰富多彩，可以增加音频广告的新鲜度，使音频广告更具有张力和冲击力，更能吸引用户点击。同时，利用多种创意整合，还可以全方位展现产品或服务的特点、优势，使音频广告更加全面、深入地体现产品或服务的卖点，音频广告的投放效果更好。

例如，新媒体广告人员在进行音频广告投放时，可以打造一系列广告，不同广告突出产品或服务的不同特点，以此吸引具有不同关注点的用户点击广告。

8.4.1.2 多种形式的整合

音频广告的形式较为多样，新媒体广告人员在创作音频广告时，整合多种表现形式，达到形式与内容的有机结合与多元化组合，能够更好地传播产品或服务信息，提升用户对音频广告的认知度与记忆度，加深用户印象，达到良好的传播效果。

例如，新媒体广告人员在创作音频广告时，既制作图片形式的视觉型广告，也在一些音频中间穿插听觉型广告，能够同时刺激用户的视觉和听觉，形成感官的多重刺激，吸引用户点击观看或收听广告内容。

8.4.1.3 不同播出时长的整合

音频广告的播出时长不等，通常包括5秒、7秒、10秒等，图片形式的音频广告呈现时长也有可能达到1天、1周等。这里所指的播出时长的整合，通常是对音频广告而言的。音频广告的播出时长并非越长越好，过于冗长的音频广告反而会引起用户的反感。通常情况下，短时长的广告有利于品牌形象的宣传，中时长的广告有利于促销类宣传，长时长的广告有利于产品或服务的全方位、立体化介绍。将不同时长的音频广告进行整合，按照不同的传播诉求确立呈现形式，能够使音频广告的传播更加合理。

8.4.2 音频广告的均衡投放策略

用户打开音频新媒体的时间、频率是有规律的。通常情况下，用户的睡前时间是收听音频的黄金时间；而有些时间如午休时间，用户打开音频新媒体的次数相对较少。这种现象的产生，意味着新媒体广告人员在投放音频广告时，要根据广告主的需求，针对不同时间段投放音频广告。

黄金时间的用户规模通常较大，在这个阶段，广告资源竞争较为激烈，广告投放的价格相对较高，但由于其为优质时间，成为各个广告主与新媒体广告人员投放音频广告的首选时间段。此时，广告量明显较大，会在一定程度上影响用户的体验感，广告效果有可能受到影响。

非黄金时间的用户规模相对较小，但用户收听的忠诚度较高，且此时广告价格较低。在此时高频次地投放音频广告，同样能获得良好的传播效果。

基于这两种情况的存在，新媒体广告人员在投放音频广告时，要均衡利用黄金时间。

在黄金时间段期间，新媒体广告人员可以投放品牌广告，通过大规模投放品牌广告，提升品牌影响力，扩大用户规模；在非黄金时间段期间，可以扩大广告传播边界，充分利用长尾效应[长尾效应英文名称为Long Tail Effect。"头"（Head）和"尾"（Tail）是两个统计学名词，正态曲线中间的突起部分叫"头"，两边相对平缓的部分叫"尾"。从人们需求的角度来看，大多数的需求会集中在头部，这部分可以成为流行，分布在尾部的需求是个性化的、零散的、小量的需求]，加强在特定用户群体、高忠诚度用户中的影响力。通过有机均衡这两种投放方式，既能够提高音频广告投放的效果，也能够降低音频广告投放的成本。

8.4.3 音频广告投放效果评估

对于音频广告投放效果的评估可以从一些数据入手，包括收听率指数、满意度指数和公信力指数等。这些数据基于不同的标准，彼此无法替代，但又具有一定的关联性，共同构成音频广告投放效果的评估组成部分。

8.4.3.1 收听率指数

音频新媒体是音频广告的重要载体。判断一个音频新媒体是否受用户欢迎、是否能促使音频广告得到更多点击，可以评估这一音频新媒体内容的收听率指数。收听率指数越高，说明该音频新媒体的收听人数越多，广告触达的用户越多，广告效果就越好。可以说，收听率指数是音频广告投放效果评估的基础数据。

收听率指数并不局限于音频新媒体及其作品被收听的次数，还包括该音频新媒体的市场占有率、广告到达率、主要听众构成等。这些数据又可以细分出一系列专业名词，如平均收听天数、平均收听人数等，这些数据能够从不同维度、不同角度反映音频新媒体是否适合投放某一音频广告。

举个例子，某音频新媒体中，语言学习类音频的收听率指数非常高，有浓厚的语言学习氛围，那么应在该音频新媒体上投放与语言学习相关的广告，如销售英语学习课程等，这样就能保证获得一定的曝光率，进而保证投放效果。

8.4.3.2 满意度指数

满意度指数是指用户对音频新媒体提供作品的收听态度，即用户对音频新媒体是否满意。通过分析用户的满意度，可以在一定程度上预测用户在音频新媒体上是否会点击音频广告，以此预测音频新媒体的未来发展趋势，降低音频广告投放风险，保证音频广告投放效果。

满意度指数通常可以依据用户的评论、点赞等反馈数据评估，还可以通过分析用户对音频新媒体的忠诚度获取。同时，满意度指数可以与收听率指数进行交叉分析，共同构成判断在音频新媒体上投放音频广告的效果评估标准。将收听率指数与满意度指数进行交叉分析，可划分出四个象限,如图8-17所示。

第一象限为理想投放平台,处于该象限的音频新媒体,收听率指数和满意度指数都较高,用户规模较大,用户收听习惯较为固定,且满意度较高,是理想的音频广告投放平台。

第二象限为大众投放平台,处于该象限的音频新媒体,收听率指数较高,但满意度指数较低,意味着用户规模大,但满意度偏低,将来可能存在一定的用户流失与游移。在该平台上投放广告,具有一定的风险。

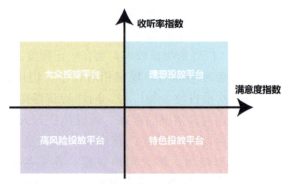

▲ 图8-17 满意度指数四个象限

第三象限为高风险投放平台,处于该象限的音频新媒体,收听率指数和满意度指数都较低,在市场竞争中处于下游位置。在这类音频新媒体上投放音频广告,风险较高。

第四象限为特色投放平台,处于该象限的音频新媒体,收听率指数较低,但满意度指数较高,通常锁定了一批特定的用户,目标用户群体特征明显,可以投放与这类音频新媒体目标用户群体相契合的特色音频广告,以此获得不错的广告效果。

8.4.3.3 公信力指数

公信力指数是展现音频新媒体品质的相关数据指标,通常情况下代表着用户对音频新媒体权威性、可信度和社会责任感等价值导向的评价,是音频新媒体形象的体现。

同时,这里所指的公信力指数还包括音频新媒体上相关内容的公信力指数。公信力指数越高,用户对音频新媒体及其平台上发布的作品内容的信任度就越高,就更愿意点击广告,也能够为投放广告的企业或产品提升品牌形象,提升用户对广告的信赖感与接受度,达到较好的广告投放效果。

思考与练习

1. 音频投放如何均衡利用黄金时间?
2. 音频广告投放效果的评估可以从哪些数据入手?

8.5 音频广告项目实训:喜马拉雅广告

8.5 项目实训

第9章

新媒体广告之元宇宙场景广告

元宇宙概述

元宇宙广告概述

本章习题

学习目标

9.1 元宇宙概述

9.2 元宇宙广告概述

9.3 元宇宙广告运作方向

9.4 元宇宙广告项目实训：泡泡玛特IP

　　元宇宙场景广告是新媒体广告中的一种创新形式，它借助虚拟现实、增强现实等技术，将广告内容展示在虚拟的数字化世界中。这种广告形式具有许多独特的特点和优势。元宇宙场景广告提供了更为沉浸式的体验，用户可以在虚拟环境中与广告进行互动，增加了广告的吸引力和参与度。元宇宙场景广告具有更大的创意表现空间，同时可以与社交互动相结合，增强用户的参与感。广告主可以充分利用元宇宙的虚拟环境和技术，设计出引人注目的广告内容和互动体验，与用户建立更紧密的联系，并取得更好的广告效果和回报。本章主要讲解什么是元宇宙、元宇宙广告的特征及元宇宙广告的表现形态、技术支撑等知识。

9.1 元宇宙概述

许多人给元宇宙（Metaverse）下了这样的定义：元宇宙是一个平行于现实世界的在线虚拟世界，是越来越真实的数字虚拟世界。事实上，元宇宙本质上是社会形态和文明的一种演变。Metaverse=Meta+Universe，多数人将Meta翻译为"超越"，所以Metaverse是超越现实世界的存在。

9.1.1 元宇宙的诞生

1992年，美国著名的科幻小说家尼奥·斯蒂芬森（Neal Stephenson）在《雪崩》（*Snow Crash*）这部小说中首次提出了"元宇宙"一词。在书中，作者勾画了一幅他想象中的未来元宇宙图景，包括对未来的政治、经济、各类行业组织及个体生活的畅想。在作者畅想的未来中，快递行业成为现实生活中的主流行业，男主角Hiro是其中一员。在一次送外卖途中，一场交通意外让Hiro失去了交通工具。为了筹钱买车，他进入了元宇宙的世界寻找出路，但不经意间发现了病毒"雪崩"的恶意行径，随即展开了阻止病毒传播的行动。因为这本书中的各种科技设定（例如私人AI助手、元宇宙的设想等）在当今的世界中逐步实现，所以它被称为"预言之书"。

9.1.2 元宇宙的布局

2021年被称为元宇宙元年，元宇宙概念的火热，与资本巨头不断入场有很大关系。表9-1列举了2021年元宇宙领域重要的事件。

表9-1 2021年元宇宙领域重要事件

时间	事件
2021/3/9	成立于2016年的美国VR社交游戏平台Rec Room完成1亿美元的新一轮融资。其估值已达12.5亿美元
2021/3/9	"元宇宙第一股"Roblox在纽约证券交易所上市，第一天上市的市值就达到了380亿美元
2021/3/11	成立于2016年的中国移动沙盒平台MetaApp宣布完成了1亿美元C轮融资，由海纳亚洲创投基金（SIG）领投，云九资本、创世伙伴资本（CCV）跟投
2021/4/13	Epic Games融资了10亿美元用于构建元宇宙，其中包括索尼2亿美元的战略投资，公司估值达到287亿美元
2021/4/20	"中国版Roblox"游戏引擎研发商"代码乾坤"获得了字节跳动近1亿元的战略领投
2021/5/28	全栈云游戏计算服务商海马云（北京海誉动想科技股份有限公司）完成了2.8亿元新一轮融资，由中国移动咪咕公司及优刻得科技股份有限公司联投
2021/8/20	微软首席执行官萨提亚·纳德拉在微软全球合作伙伴大会上宣布企业元宇宙解决方案

续表

时间	事件
2021/8/29	字节跳动用90亿元收购了VR创业公司Pico，布局硬件入口
2021/9	9月以来，申请注册元宇宙商标的公司已经多达130家，如腾讯的"王者元宇宙""天美元宇宙""逆战元宇宙""腾讯音乐元宇宙"等
2021/10/29	脸书（Facebook）首席执行官马克·扎克伯格宣布公司改名为Meta，并宣布投资150亿美元扶持元宇宙内容创作，彻底引爆元宇宙
2021/10/29	微软推出了两款新产品发展元宇宙，分别是Dynamics 365 Connected Spaces和Meth for Teams；解决方案计划于2022年开始推出
2021/10/29	英伟达在GTC2021大会上，宣布将产品路线升级为"GPU+CPU+DPU"的"三芯"战略，并将Omniverse平台定位为"工程师的元宇宙"
2021/10/29	Unity用16亿美元收购特效公司Weta Digital（曾为《指环王》《阿凡达》制作特效），完善元宇宙布局
2021/10/29	网易首席执行官丁磊表示，网易已经做好元宇宙的技术与规划准备，已有沉浸式活动系统"瑶台"、AI虚拟人主播、星球区块链等元宇宙概念产品落地
2021/12/9	Meta宣布，旗下的VR社交平台"Horizon Words"正式向美国和加拿大的18岁以上人群开放
2021/12/27	百度于12月27日发布元宇审产品"希壤"，百度Create 2021（百度AI开发者大会）在希壤平台举办。这是国内首次在元宇宙中举办的大会，可以容纳10万人同屏互动

从表9-1中可见，2021年以后，全球资本在元宇宙领域的布局呈现了加大、加快的趋势。表9-2为2021年和2022年年初我国一些地方政府对"元宇宙"的布局。

表9-2 2021年和2022年初我国一些地方政府对元宇宙的布局

时间	事件
2021/11/12	浙江省经济和信息化厅组织召开"元宇宙"产业发展座谈会，来自政府、学术界和省内的"元宇宙"相关企业代表出席了会议
2021/11/17	上海市经济和信息化委员会副主任张英出席"元宇宙"发展专家研讨会，研讨会对元宇宙发展现状、应用场景、生态建设、安全伦理、关键技术和未来前景进行了形式分析和专业研讨
2021/12/21	上海市委经济工作会议指出，要引导企业加紧研究未来虚拟世界与现实社会相交互的重要平台，适时布局切入
2021/12/24	上海市经济和信息化委员会印发的《上海市电子信息产业发展"十四五"规划》中指出，前瞻部署量子计算、第三代半导体、6G通信和元宇宙等领域，并鼓励元宇宙在公共服务、商务服务、社交娱乐、工业制造、安全生产、电子游戏等领域的应用
2022/1/1	在2022太湖湾科创带滨湖创新大会上，无锡市滨湖区发布了《太湖湾科创带引领区元宇宙生态产业发展规划》，旨在打造国际创新高地和国内元宇宙生态产业示范区
2022/1/7	北京市科学技术委员会党组书记、主任许强在"市民对话一把手"访谈中指出，未来针对6G、脑机接口，包括最近大热的元宇宙等领域，北京都会陆续展开布局
2022/1/11	在武汉市第十五届人民代表大会第一次会议上，武汉市市长程用文在政府工作报告中表示，推动元宇宙、区块链、量子科技等与实体经济融合

思考与练习

1. 元宇宙的图景是怎么样的？
2. 各地加快元宇宙布局的初衷是什么？

9.2 元宇宙广告概述

元宇宙广告即元宇宙平台上展示的广告。随着元宇宙技术的发展和推广，未来可能会出现更多的元宇宙广告形式和模式，比如在虚拟世界中插入的产品广告、品牌游戏、虚拟商品等。未来的元宇宙广告将会是数字营销领域的一个重要组成部分，但具体模式和效果有待未来的发展观察。

9.2.1 元宇宙广告技术基础

那么距离真正的元宇宙到来还有多久呢？有人认为距离真正的元宇宙还很远，但现在的讨论都是毫无依据的。事实上，与元宇宙相关的技术产业已经发展很久了，正是这些技术的不断发展、融合，才让我们有了畅想未来的依据。这就像在移动互联网诞生前，许多人都无法相信人们可以通过移动设备访问各种各样的App。事实证明，一个新时代的到来，往往少不了梦想家和勇敢的实践者。那么在广告传播领域要实现一些真实体验，需要哪些技术呢？下面从硬件到软件来具体分析一下，目前支撑元宇宙的技术发展到了哪个阶段，以及实现真正的元宇宙广告还需要突破哪些技术点。

9.2.1.1 区块链——打通虚实的价值链

区块链技术具有打通虚实的价值链的潜力，它可以通过提供去中心化的、可追溯的和安全的交易机制，实现虚拟和现实世界之间的无缝连接和价值传递。

（1）去中心化交易。区块链技术可以创建去中心化的交易平台，消除中间商和第三方机构的需求。通过智能合约，虚拟世界中的数字资产和现实世界中的实物可以直接交易，提高交易效率和透明度。

（2）跨界通用性。区块链技术为不同虚拟平台和现实行业提供了一个通用的交互和价值传递基础设施。它可以跨越游戏、艺术、娱乐、供应链、金融等多个领域，实现虚拟和现实世界的互通。

（3）资产数字化。通过区块链技术，实物资产可以被数字化表示，并以代币或加密货币的形式进行交易。这使得实物资产在虚拟世界中具备了可流通性和可交易性，为资产的变现和灵活性带来了新的机会。

（4）唯一性和防伪。区块链可以提供唯一性和防伪的验证机制，确保虚拟和现实世界中的物品的真实性和产权。通过将物品的信息和溯源记录存储在区块链上，可以实现对物品的真实性和历史的验证。

（5）去信任交易。区块链技术通过智能合约和分布式账本的机制，实现了无需第三方的可信交易。虚拟和现实世界中的参与方可以通过区块链进行直接交易和结算，减少了中间环节和交易成本。

（6）社区经济与激励。区块链技术可以建立社区经济和激励机制，激发虚拟和现实世界中的用户积极参与和贡献价值。通过代币经济和智能合约，用户可以获得虚拟和现实世界中的奖励和激励，促进参与和创新。

总体而言，区块链技术通过其去中心化、可追溯和安全的特性，为虚拟和现实世界之间的价值传递提供了新的可能性。它可以加速虚拟和现实世界的互通和交流，推动创新和经济发展。

9.2.1.2 感官真实

（1）虚拟现实（VR）。提及元宇宙，很多人最先想到的就是VR，这是因为VR装备是我们认识得最多、很多人都接触过的设备。其实VR早在2018年就已经非常火热了。由于技术问题，当时的VR存在着很严重的延迟问题，这也是许多人戴VR设备会头晕、想吐的原因。因此，VR只是在2018年火了起来，但并未持续火。之前要生产VR设备的索尼公司在宣布后由于技术问题裁撤了许多与VR相关的部门。

到了2021年，元宇宙概念爆火，因为VR设备是元宇宙的重要硬件设施之一，所以大量资本开始入场VR行业。国内较为著名的是字节跳动收购了VR设备公司Pico。在国外，谷歌、Meta这些大型互联网公司也早已布局VR行业。2022年，索尼公司宣布要打造一款VR头盔显示。一时间，VR行业又备受瞩目。在资本和5G技术的推动下，现在的VR设备在体验上已有了很大的进步。目前市面上比较火的Oculus、大鹏等设备已基本能满足较为流畅的体验需求，但要想达到零延迟仍需努力。

总而言之，元宇宙概念的爆火必将推动VR行业在使用体验和开发速度上的提升，在通信技术的突破下，相信VR并不是一个难以突破的技术关卡。

（2）增强现实（AR）。不同于VR通过一个头戴设备实现"穿越"，AR可以基于现实世界创造出全新的图景。有人说，AR是元宇宙的核心，笔者觉得AR只是元宇宙的一种表现形式，只是一种选择。你如果想通过头戴设备体验超乎现实的世界，而不想出门到真实场景中体验，就可以选择VR；你如果想丢掉头戴设备，轻装上阵，就可以选择AR。这只是个人喜好上的差异，AR和VR之间可以是相辅相成的，而非竞争的关系。

（3）混合现实（MR）。混合现实（Mixed Reality，简称MR）是一种技术，它将现实世界与虚拟世界相结合，使用户可以与现实环境中的真实物体以及虚拟对象进行交互。混合现实技术融合了增强现实（AR）和虚拟现实（VR）两种技术的特点。在混合现实中，虚拟物体和现实世界中的物体可以同时存在并互动。这意味着用户可以通过佩戴设备（如头戴式显示器或智能眼镜、手持设备或专用传感器）将虚拟内容叠加在真实环境中。这些设备会追踪用户的头部和手部动作，使得用户可以与虚拟内容进行沟通和操作。混合现实技术在各个领域都有广泛的应用，包括娱乐、教育、医疗、设计等。

（4）味觉真实（VT）。VR让我们拥有虚拟视觉，让我们可以在元宇宙中达到"眼见即真实"的效果，但是我们在元宇宙中同样也需要吃饭，这就需要通过虚拟设备品尝到食物的味道。事实上，确实已经有相关研究机构在进行这个方面的研究。例如，美国缅因大学多感官互动媒体实验室主管倪美莎教授在2017年发布了其研究成果——一个可以通过电流模拟甜味和咸味的杯子。她认为，人们对食物味道的感受是一种化学反应，并发现对温度、电流进行控制可以让人们体会到对应的味道。在此基础上，她的团队还发明了味觉勺子、模拟鸡尾酒的杯子等产品。同时，她也尝试社交拓展的可能性，即"味觉共享"，通过一个模拟味觉的杯子来收集柠檬水的pH值，并将对应的数据传输给另一个设备，从而实现味觉同步。

不过，这些只是味觉模拟的第一步，毕竟我们在品尝美食时，除了对气味的感知，还有对食物质感、口感的感知。随着元宇宙的兴起，未来必定会有更多资本入局味觉模拟器。或许某一天，会有一个更完美的方案，让我们可以在家就品尝到世界各地的美食。

（5）通信技术。通信技术是元宇宙的载体。2019年10月底，5G技术在我国正式进入了商用阶段。但是发展至今，由于高成本、高耗电量等原因，5G在应用层面似乎并未得到较好的利用。元宇宙概念的兴起无疑拓展了5G的应用场景。前面已经提到，VR由于延时等技术问题未能得到广泛的推广和应用，要满足VR设备的使用者对高刷新率的需求，以及与软件实现更好的联动，都需要联网。2021年，之所以能吸引大量资本入场，除了元宇宙概念爆火外，通信技术的发展也让资本看到了VR再向前发展一步的希望。那么，对现有通信技术进行全面革新的5G就是一个关键点。有了更优秀的网络带宽支持，VR就会拥有更为流畅的交互体验，元宇宙距离真实就更近了一步。

（6）云计算。你玩一款游戏时，如果想在终端设备上感受到流畅、逼真的游戏体验，那么这个游戏所需的存储空间和计算能力一定非常大。在元宇宙中，从平面到立体，再到实时的反馈，最后到庞大复杂的虚拟空间、真实的交互体验、巨量的使用者信息，这些所产生的数据量是巨大的。因此，元宇宙必然离不开云计算技术。例如，著名的元宇宙游戏公司Epic Games开发的游戏《Fortnite》在全球拥有3.5亿多个用户，其工作负载均在云计算领航者亚马逊云（AWS）上完成。

（7）AI辅助。元宇宙的发展一定离不开AI（人工智能）技术的发展。可以想象，在未来，元宇宙需要处理大量的信息，包括网络安全维护、数据隐私保护、漏洞检验等，需要大量的AI工具对这些工作进行处理。我们要把可以流程化的处理工作交给AI，借助AI的辅助提高人的效率，解放人的生产力，以满足元宇宙平稳运行的需求。

（8）脑机接口。前面已经提到了VR、AR、MR，那要体验元宇宙就一定要戴设备吗？有没有可能丢掉这些设备直接进入元宇宙的世界呢？如果有这种可能，那么一定要用脑机接口。我们对世界的感受通过大脑的神经元来接收，脑机接口的原理就是通过一些传感器，将这些感受传递给大脑的神经元。就像你吃冰激凌，你的感觉器官会告诉你的大脑它的形状、质感、味道等，而脑机接口代替了感觉器官，直接告诉你的大脑你现在在哪里、在做什么等。即使你实际上并没有吃冰激凌，你的大脑也会"欺骗"你，让你感到吃了。

9.2.2　元宇宙广告形式

9.2.2.1　虚拟现实广告

虚拟现实（VR）广告是一种新兴的广告形式，利用VR技术创建VR场景，以增强用户的体验感和参与度，并进行品牌推广。在VR广告中，用户可以与广告内容进行互动、浏览商品信息和参与相关活动，从而提高品牌的知名度和用户满意度，增加销售额。VR广告可应用于多种场景，例如在线购物、游戏推广、旅游体验、教育和培训等领域。VR广告有望成为一个具有高吸引力和持续影响力的广告形式。

9.2.2.2　增强现实广告

增强现实（AR）广告是指通过AR技术在现实场景中覆盖虚拟内容来呈现广告的一种形式。它可以将虚拟的商品、信息和互动性直接添加到人们的现实环境中，吸引人们的注意力，增强商品的品牌感知度和用户体验。AR技术在社交媒体和游戏等领域得到了广泛应用，随着AR技术的普及，AR广告也有望实现更为广泛的应用。

9.2.2.3 AI个性化广告

AI个性化广告是利用AI技术为广告投放带来了全新的机遇。这种广告形式将基于用户的搜索、购买或点击等数据，分析用户的兴趣、偏好和需求，从而为用户进行个性化的广告投放。这种方式能够更加准确地匹配用户的需求，提高广告的转化率和回报率，是未来广告投放的重要趋势之一。

9.2.2.4 区块链技术广告

区块链技术广告是一种基于区块链技术的广告管理和投放方式。在这种方式下，区块链可以为广告提供更加安全和透明的管理方式。利用区块链的去中心化特性，广告的信息可以更加可靠和可追溯，从而提高广告投放的透明度和安全性。同时，通过区块链技术的智能合约，广告投放者可以更加有效地管理广告投放流程，包括广告的计费、结算和效果跟踪等，从而实现更准确地投放和获得更好的广告效果。虽然目前区块链技术的应用还比较有限，但是在未来区块链技术有望成为广告管理和投放领域的重要工具之一。

9.2.2.5 机器人广告

机器人广告是一种将机器人AI技术应用于广告推广的新颖方式。机器人可以扮演不同的角色，例如顾问、产品销售员等，在现实和虚拟环境中展示广告内容和产品信息，提供个性化互动和反馈。通过添加人性化因素和高互动性，机器人广告可以提高用户的参与感和印象深度，从而增加品牌形象的吸引力和记忆度。机器人广告的应用可以覆盖多种场景，例如商场、博物馆、机场等公共场所。随着机器人技术不断发展和普及，机器人广告势必成为一种具有极高潜力和前景的广告形式。

思考与练习

1. 元宇宙广告的技术支撑有哪些？
2. 元宇宙广告的形式有哪些？你认为还有其他方式吗？

9.3 元宇宙广告运作方向

在知道了元宇宙是什么，以及元宇宙的发展需要哪些"硬"技术支持后，你可能想知道广告在元宇宙里能做什么？下面介绍在元宇宙里的广告发展方向，帮助大家了解未来基于元宇宙的广告产业链。

9.3.1 内容建设

对于元宇宙广告来说，优质的内容必不可少。就像我们在玩游戏时会在意游戏的剧情走向，在选择企业时会在意企业的发展和创办理念，元宇宙的广告也需要有故事内容支撑。对于企业来说，完全可以打造一个有自身企业特色的元宇宙内容IP，也可以组织或参加各种各样的线上活动。

随着元宇宙热度的提升，数字人在广告设计和传播的领域将变得十分普遍。数字人，指的是没有与现实生物人一一映射的身份关系的数字虚拟形象。它们通常会以近似人的形象呈现，但不绝对，也有很多虚拟形象以动物或者物品为原型。现在数字人已经逐渐被用于虚拟偶像、虚拟主播、虚拟客服等领域。图9-1为AI虚拟数字人李未可（其制作公司由字节跳动投资）。图9-2为虚拟美妆博主柳夜。

▶ 图9-1 AI虚拟数字人李未可

▶ 图9-2 虚拟美妆博主柳夜

9.3.2 硬件建设

元宇宙空间都要使用VR眼镜等硬件才能有良好的体验。在未来，VR、AR、MR、味觉模拟、体感模拟等，都将成为元宇宙产业链中必不可少的一环。广告设计及传播的载体需要迎合这些终端进行开发，并研发更多的线上体验方式去抓住元宇宙带来的机遇。目前，市面上已有多种元宇宙创作设备，例如HTC Vive Pro、Oculus Rift S、Magic Leap One等。这些设备为创造和编辑元宇宙广告的指向提供了更多的可能性，为元宇宙的发展注入了新的活力和创意。

9.3.3 基础建设

前面已经提到，元宇宙的发展离不开通信技术、区块链技术的发展。与这些相关的行业在元宇宙的带动下可能会成为未来的优势行业。试问未来元宇宙广告的投放会不用区块链吗？随着元宇宙的爆火，新媒体广告从业人员必须掌握区块链领域目前广泛使用的合约语言（例如Solidity）。未来这可能会成为广告从业人员最重要而稀缺的一项开发技能。

元宇宙广告需要在虚拟世界中与用户进行互动和交流，要求广告内容和形式更注重创意和创新，同时还需要具备技术和设计方面的专业能力。随着元宇宙技术的不断发展和普及，元宇宙广告将成为未来广告行业的重要领域之一。

> **思考与练习**
> 1. 元宇宙广告从业者需要具备哪些技能和素质？
> 2. 元宇宙广告未来的发展方向在哪里？

9.4 元宇宙广告项目实训：泡泡玛特IP

9.4 项目实训

第10章

新媒体广告文案写作

新媒体广告文案概述

用户画像

本章习题

学习目标

10.1 新媒体广告文案概述

10.2 构建新媒体广告文案用户画像

10.3 新媒体广告文案写作从 0 到 1

10.4 数字时代新媒体广告人员的社会责任

10.5 新媒体广告文案写作项目实训：MG3 汽车

　　新媒体文案需要让消费者在碎片化时间中被标题、广告主题快速吸引注意力，而在内容上则需有代入感，能够持续吸引人进一步读下去；与此同时，还需有信任感，这样消费者才会对产品或服务有购买意向，或提升品牌的好感度。本章主要讲解什么是新媒体广告文案、新媒体广告文案的特征以及新媒体广告文案的写作框架和技巧等知识。

10.1 新媒体广告文案概述

2022年4月23日世界读书日，电子书阅读器品牌kindle发布了一则主题为"读书的人，有梦可做"的新媒体广告。这则新媒体广告文案为："你读书，不在车厢，不在街角，不在公司，不在家里，不在床，你，在梦里。"这段文字不仅诠释了阅读带给人们的美好体验，也突出了kindle的便携性。

又如淘宝文艺女装店"步履不停"为其衬衫2022年的特辑撰写了一句广告文案："学会独处，也是一项才能——知性、沉稳的立领衬衫"。这句广告文案将衬衫化为新时代女性独立、坚强的服饰符号，抓住了用户的眼球。

这些广告文案紧扣主题，以不同形式、不同渠道出现在用户面前，不断向用户传递品牌理念、产品信息、促销信息等，让用户对品牌和产品的认知不断被刷新和强化。这就是新媒体广告文案的魅力，它可以借助不同渠道、不同载体全方位地触达用户，激发用户的需求，提升用户的认知。

10.1.1 新媒体广告文案的基本概念

10.1.1.1 广告文案的概念

文案的概念来源于广告行业，是"广告文案"的简称。广告文案通常有两层含义：一是指为产品写下的打动用户内心甚至引导用户消费的文字；二是指一种职业，专门创作广告文案的工作者被称为"文案"。本小节主要对第一层含义展开讨论。

撰写广告文案，能够进一步表现广告创意的核心，传达广告的意图、诉求和承诺，塑造企业形象和品牌形象，使广告画面鲜活，突出内容主旨，对广告投放效果有着至关重要的影响（图10-1）。

▶ 图 10-1 杰克丹尼威士忌广告文案

10.1.1.2 新媒体广告文案的定义

新媒体广告文案是广告文案在新媒体语境下的发展。判断一个文案是否属于新媒体广告文案，可以从以下3个标准入手。

（1）新媒体广告文案需直接与用户产生联系。

（2）新媒体广告文案的最终目的是说服和诱导用户产生购买行为。

（3）文案经由新媒体得到广泛传播并能产生双重效应。

10.1.2 新媒体广告文案的类型

新媒体广告文案的分类方式较多，此处主要可以依据载体和使用场景划分。

10.1.2.1 按照载体不同划分

得益于新媒体技术的进步，新媒体广告文案的载体越来越丰富多样，包括图片、视频、海报等。按载体不同，新媒体广告文案的类型可以被划分为文字型文案、海报型文案、视频型文案。

（1）文字型文案。文字是历史最为悠久的表达方式之一，具有震撼人心、引起用户共鸣的重要作用。文字型文案的内容通常包括产品的名称、性能、特点、规模、使用方法、厂家的规模、品牌荣誉等。

文字型文案表达方式通常分为短文案和长文案，以文字篇幅的长短作为区分依据。这里的"长"和"短"是相对而言的，短文案可以是一行字或一句口号，长文案则可以多达几千字。文案篇幅的长短与广告信息内容的多少有着密切的联系。

① 短文案。短文案力求以精简的文字一针见血地传达广告信息。短文案的使用场景见表10-1。

表10-1 短文案的使用场景

典型场景	对象	文案要求	技巧
微博、微头条	陌生人、铁杆粉丝	诱惑力强、话题性强能激发用户好奇心	与热点话题结合
朋友圈	亲戚朋友和其他认识的人	语气亲切	与好友互动
微信群	好友和陌生人	话题娱乐性强	人多时自然插入

② 长文案。长文案是以相当长的文字表达有吸引力、说服力的深度诉求。长文案的使用场景见表10-2。

表10-2 长文案

典型场景	对象	文案要求	技巧
微博	铁杆粉丝	活动性文案	设置抽奖
微信公众号	公众号用户	软文性文案、活动性文案	设置故事情节，引发用户的情感共鸣
微店	微店用户	说明性文案、福利性文案	强化视觉冲击

（2）海报型文案。海报型文案的表达方式通常是文字与图片相结合，将要表达的内容框定在某一景象的静止瞬间来向用户展示。这种编排形式具有直观性，能够利用鲜艳的色彩和夺目的画面吸引用户的注意，让其不自觉地点击广告。图10-2中能量饮料YAO那句海报文案"不要活在别人的影子里"，使得广告一下子有了灵魂，真的做成像影子的效果。精华是在最后那个字里，"影子里"的"里"还被罐头压在下面，完美地契合了这句文案想要表达的内容。因为广告是致敬女性的创业者，所以背后的一些寓意全都呈现出来了。

▲图10-2 海报型文案示例

（3）视频型文案。视频形式是目前很受用户欢迎的新媒体广告文案表现形式。视频型文案是指在视频内容中穿插广告文案，传达广告信息的文案类型。视频型文案分为微电影广告文案、短视频广告文案和直播广告文案3类。

① 微电影广告文案。微电影广告是指为了宣传某个特定产品或品牌而拍摄的有情节的、时长一般不超过30分钟的、采用电影表现手法的广告。它的本质依旧是广告，具有商业性或目的性。它采用了电影的拍摄手法和技巧，增强了广告信息的故事性，能够更深入地实现品牌形象、理念的渗透和推广，更好地实现"润物细无声"的宣传目的。

微电影广告文案的特点有：情节跌宕起伏；淡化产品，突出品牌；注重深度，不以长度取胜。微电影广告中的台词就是微电影广告的文案。这类文案充满情感，容易引起共鸣，进而更容易使用户接受产品理念或品牌形象。比如百事可乐春节档拍摄的六小龄童老师的《猴王世家》，是一条6分钟左右时长的短片微电影，通过文案给中国千千万万的家庭带去一种快乐（图10-3）。

▲ 图10-3　百事可乐"把乐带回家"广告

② 短视频广告文案。短视频广告文案是指穿插在短视频中或介绍短视频的文案。这类文案要与短视频主题相契合且言简意赅，能够准确表达产品或品牌特性。比如别克全新英朗汽车的文案："懂你说的，懂你没说的。"所有的宣传都以此为核心娓娓道来，非常贴近消费者的内心，一语双关，"有懂你，没说的"意味。当时在春节期间投放的这则微电影广告给很多消费者留下了印象。

③ 直播广告文案。直播广告文案是指在直播中介绍产品信息，引导用户购买的文案。直播中网络销售员的话术也属于直播广告文案。因而，直播广告文案具有口语化、通俗易懂的特点。

10.1.2.2 按照使用场景不同划分

人的脑海里总是充斥着各种场景，有真实发生的，也有凭空想象的。新媒体广告文案就像是触发人们联想特定场景的按钮，好的文案能让用户一旦听到或看到就立刻进入文案描述的场景，被文案引导，产生消费欲望。

此外，用户在使用新媒体平台时，如果频繁的接触能让其联想到特定场景的广告文案，今后在进入这些特定场景时，用户也会下意识地选择他们熟悉的品牌或产品。

所以，即便海澜之家"男人的衣柜"，红牛"困了累了喝红牛"等广告口号不再令人感到新奇，人们在购买男装或感到困了、累了时也能想到海澜之家或红牛，这就是广告文案赋予品牌或产品的生机。

根据使用场景的不同，新媒体广告文案可以划分为品牌文案、销售文案和活动文案。

（1）品牌文案。为塑造品牌服务的文案即为品牌文案。在各企业宣传自身的品牌广告中，需要用到品牌文案。

品牌广告（brand advertising）是以树立产品品牌形象、提高品牌的市场占有率为直接目的，突出传播品牌的一种广告。品牌广告是对品牌的长期投资，投放品牌广告的目的并非获取经济效果，而是取得心理效果和社会效果，在用户心中留下深刻的印象。这种印象被称为品牌效应。品牌效应是指由品牌为企业带来的效应，是商业社会中企业价值的延续，在当前品牌先导商业模式中，意味着商品定位、经营模式、消费族群和利润回报。

品牌文案作为一个企业或品牌阶段性的、向用户宣传与推广的内容，不能经常变化，否则很多用户不能及时接收该广告。就像人的形象一样，当你长期以某种形象示人，却在某一天突然改变形象，许多不熟悉你的人很有可能就认不出你。例如，电器品牌海尔多年来只用了两个品牌文案，即"真诚到永远"和"一个世界一个家"，在用户心中留下了深刻印象。日常生活中有许多脍炙人口的品牌文案，如表10-3。

用户在购买产品或服务时，常常会形成一种购买偏好。当用户对某个品牌产生好感和信赖时，会倾向于在同类产品中选择印象深刻、好感度高的品牌。而从长远来看，广告是对品牌的长期投资，广告主为了维护良好的品牌形象，可以牺牲短期效益。

表10-3 脍炙人口的品牌文案

品牌	品牌文案
淘宝	淘我喜欢
农夫山泉	农夫山泉有点甜
麦当劳	我就喜欢
美特斯邦威	不走寻常路
腾讯视频创造营2020	敢，我有万丈光芒
自然堂	你本来就很美
李宁	一切皆有可能

（2）销售文案。销售文案是指某一产品在某一阶段内的广告文案，其主要目的是提升产品的认知度和销量，使产品更好地获得目标用户的认可，更有效地把产品价值传达给目标用户。

简而言之，销售文案是为了促进某款产品销售存在的，它的直接目的是让看到这则广告的用户购买广告产品。如图10-4所示为某羊毛衫的广告销售文案。其中使用了"100%舒适羊毛""挺括""保暖""防风""柔软"等词汇，将羊毛衫的特点及品质体现得淋漓尽致。当用户刚好需要一件具有这些功能的羊毛衫时，很有可能会选择这款产品。

销售文案并非只能专注于产品的实用特点展开，也可以售卖"情怀"，通过某款产品承载的情感或价值观，吸引用户购买。例如，农夫山泉的广告文案"我们不生产水，我们只是大自然的搬运工"，传达出了自身尊重大自然的价值观，引起了广大用户的共鸣并获得了信任（图10-5）。

▲ 图10-4 某羊毛衫的广告销售文案　　▲ 图10-5 农夫山泉的广告文案

（3）活动文案。活动文案是指企业以扩大自身影响力、售卖一些产品为目的举办促销活动时的广告文案。活动文案时效性极强，新媒体广告人员需要针对具体的推广产品进行写作。活动文案应当与活动主题契合，充分彰显主题风格，突出活动优势。

例如2021年6月18日是京东17周年庆，京东的店庆日早已演化为一年一度的电商购物狂欢节。京东抓住这个时机邀请两位艺人，并发布了一则"京东6·18"活动的广告。在这则广告中，广告文案极具号召力，也从侧面展示了京东售卖的产品。广告文案为："不负每一份热爱，此刻一起出发。从容于潮流之间，偏爱新鲜美味。让汗水在风中滴落，让旋律在心中流淌。用脚步丈量世界，停歇在熟悉的地方。跟我来，跟我来，一起热爱，就现在。"

> **思考与练习**
>
> 1. 新媒体广告文案的定义要符合哪三个标准？
> 2. 新媒体广告文案的分类有哪几类？

10.2　构建新媒体广告文案用户画像

20岁的玲玲是A市某高校的大二学生，她喜欢购买化妆品、服装、零食，平时看到产品的折扣信息或觉得有趣的产品广告文案，她便会购买相关产品。接收新媒体广告信息的用户，很多都与玲玲一样，有自己的购物偏好，当他们看到感兴趣的相关产品的广告时，便会产生购买欲望；反之，如果他们对该类产品不感兴趣，那么这类产品的广告文案写得再好，他们也不会购买。

这些场景在日常生活中很常见，因此，要想写好新媒体广告文案，让用户看到文案后产生购买产品的欲望，重要的前提就是了解用户，建立用户画像。

10.2.1　用户画像的概念

用户画像是建立在一系列真实数据之上的目标群体的用户模型，即根据用户的属性及行为特征提炼出相应的抽象标签，然后拟合而成的虚拟的形象，主要包含基本属性、社会属性、行为属性及心理属性。需要注意的是，用户画像是将一类有共同特征的用户聚类分析后得出的，因而并非针对某个具象的个人（表10-4）。

撰写新媒体广告文案时需要的用户画像，是指新媒体广告人员根据用户的社会属性、生活习惯和消费特征等信息抽象提炼出的一个标签化的用户模型，然后根据这个模型进行针对性的广告文案写作。简单来说，这一过程是为接收文案信息的用户画一

表10-4　用户画像

	用户画像	
社会属性	基础属性	年龄、性别、居住城市、家乡
	婚姻状况	未婚、已婚、离异
	教育状况	学历、专业、院校
	家庭关系	小孩、老人（性别、数量、年龄）
	工作属性	地点、公司、行业、职位、收入
转化数据	社交习惯	线上：微信、QQ等
		线下：聚餐、唱歌等
	消费习惯	吃：美食偏好
		穿：衣着偏好
		住：住宿环境
		行：出行方式
	兴趣爱好	运动、艺术、文学、游戏、动物、旅行、理财投资等
消费特征	经济价值	消费金额、消费频次
	购买行为	消费品类广度（消费涉及的产品）
		消费品类偏好（如偏爱碳酸饮料）
		消费看重因素（价格、质量等）
		消费优惠情况（优惠券、特价等）
		购买时间偏好（上午、中午、晚上等）
		竞品使用偏好（在其他视频号上购买的产品）

幅像，然后针对画像中传达出的用户特征进行新媒体广告文案写作。例如，某化妆品品牌对其用户数据进行分析，得出这样一个精准的描述：30~40岁的女性，家庭稳定，事业有成，长期定居二线城市，关注孩子教育问题。新媒体广告人员根据这个用户画像撰写该化妆品品牌的广告文案时，可以从30~40岁女性进入衰老初期，开始出现鱼尾纹、皮肤松弛等状况入手，以"对抗初衰，留住青春"为主题吸引用户。

10.2.2 建立用户画像的目的

建立用户画像是为了让新媒体广告人员在撰写文案的过程中能够抛开个人喜好，将焦点放在目标用户的动机和行为上。只有当新媒体广告人员明白用户的具体模型，才能知道用户喜欢什么，什么样的广告文案能够打动他们。当广告文案触动用户时，用户会形成强烈的被认同感，可能直接购买广告产品，甚至将广告文案转发到个人社交平台上。

总的来说，对于新媒体广告人员进行文案写作而言，建立用户画像具有以下三重意义。

10.2.2.1 聚焦目标用户群体

对于广告投放而言，面向100个精准的用户比面向1000个不精准的用户好得多。广告文案的撰写并非需要面向大众，每则广告文案都是为特定目标用户群体的共同标准服务的。当目标用户群体的基数越大，就意味着这个标准越低，但不针对目标用户的广告文案则没有特色。

当用户画像直观地出现在新媒体广告人员面前时，新媒体广告人员会自然而然地将文案撰写范围缩小，找出目标用户群体的共同标准，撰写他们更感兴趣的广告文案。

10.2.2.2 避免草率地代表用户

代表用户发声在新媒体广告文案中经常出现。许多新媒体广告人员将自己作为用户撰写广告文案，但效果往往不尽如人意。这是因为新媒体广告人员按照自己的喜好撰写文案，通常会出现广告文案陈述的卖点并不吸引用户的情况。

构建用户画像，能够让新媒体广告人员站在用户的角度撰写广告文案，认真思考用户的真正诉求，掌握产品的卖点中对用户最具有吸引力的部分。

10.2.2.3 提高文案写作效率

明确用户的真正诉求，能节省新媒体广告人员四处寻找灵感的时间，有助于提高文案写作效率。

10.2.3 构建用户画像的方法

建立用户画像可以按照以下3个步骤进行。

10.2.3.1 步骤一：提出问题

新媒体广告人员在构建用户画像时，第一步需要提出问题。提出问题时，新媒体广告人员需要全面地思考特定用户群体的特征及这些用户群体与广告产品之间的联系。

10.2.3.2 步骤二：分析原因

提出问题之后，新媒体广告人员需要对这些问题分类，然后逐一分析，可大致将这些问题分为3个维度进行分析。

（1）宏观维度。宏观维度一般是对用户的基础属性进行分析，对应的问题有"特定用户群体是什么人？"等，一般指用户的人口特征，包括年龄、性别、婚姻状况、行业等。

对于宏观维度的分析结果通常能由直观数据得出。大部分产品或服务在销售过程中，销售平台会记录用户的相关数据。例如，电商行业可根据店铺后台数据迅速了解用户的基础属性。

如果产品还未投放到市场上，没有相关用户数据，可以通过分析竞品的用户数据来变相分析自身产品的用户数据。例如，某外卖App还未在市场上投入使用时，要想分析其用户数据，可以分析美团外卖、饿了么的用户数据作为参考。

（2）偏好维度。用户的偏好包括用户的兴趣爱好和消费特征等较为个性化的内容，对应的问题有"他们有什么消费偏好？""他们愿意花多少钱购买广告产品？""他们喜欢什么风格的服装/音乐/文章？"等。

用户的兴趣爱好和消费特征可以通过用户在线上、线下消费的习惯、偏好、频次、金额、时间等要素进行分析，包括以下方面：

① 用户偏好的信息渠道，如官网、社交媒体、自媒体等；
② 用户偏好的互动方式，如转发、点赞、线上活动等；
③ 用户偏好的购买方式，如团购、单品消费、多品同时消费等；
④ 用户偏好的购买渠道，如电商、微商、线下专卖店、商场超市等；
⑤ 用户偏好的品牌，如国际名牌、国内品牌、品牌的风格和档次等；
⑥ 用户偏好的优惠方式，如秒杀、赠券、免减等；
⑦ 用户对推广营销方式的偏好；
⑧ 用户偏好的支付方式，如在线支付、货到付款等；
⑨ 用户的签收方式，如自取、送货、快递种类偏好、收货地点偏好等；
⑩ 用户的产品使用偏好，如使用时段、使用频率、是否有替代品、个性化设置等。

（3）场景维度。确定场景维度需要新媒体广告人员分析用户在什么情况下更容易出现购买行为，因为用户在很多情况下做出的购买行为是非理智的，即新媒体广告人员需要促使用户解决并不是迫切想要解决的问题。此时，营造何种场景刺激用户消费，是新媒体广告人员需要思考的重要问题。场景维度对应的问题有"他们什么时候愿意花钱购买广告产品？""提供什么福利能让用户更乐意购买广告产品？"等。

消费场景是指产生消费行为的某种条件，这个条件包括但不限于时间、空间等，只有条件满足，消费行为才能产生。消费场景涵盖的范围非常广泛，包括衣食住行、吃喝玩乐、工作学习等。新媒体广告人员需要根据广告产品分析用户更容易在哪种情况下产生消费行为。

例如，要想吸引用户学习PPT，报名参加付费PPT课程班，可以营造"没有PPT技能，工作起来很浪费时间""免费的PPT课程不够系统，学习起来耗费时间且效果不好"等场景，让用户意识到报名参加付费PPT课程班是解决问题的最好选择。

10.2.3.3 步骤三：建立用户画像

当第一步和第二步完成后，第三步的工作将非常简单——只需罗列前两步中得出的结果，并挑选出其中最主要的信息，绘制用户画像。如图10-6是对前文中的玲玲绘制用户画像。

值得注意的是，在这些用户信息中，有些信息是相对静止的，不会轻易改变；还有一些信息是相对动态的，可能时刻处于变化之中。相对静止的用户信息比较容易掌握，相对动态的用户信息处于不断变化中，不易把握。要想精准地掌握用户信息，新媒体广告人员需要搜集大量的数据及进行长时间的动态跟踪，以便画出更为精准的用户画像。

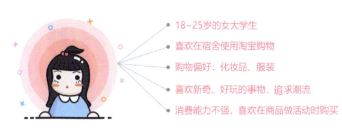

▲ 图10-6　玲玲的用户画像

思考与练习

1. 什么是用户画像？
2. 构建用户画像的方法是什么？

10.3　新媒体广告文案写作从0到1

有一家牛排店在当地的美食推荐公众号上投放了一则广告，广告文案为："本店牛排均从新西兰进口，质量上佳，欢迎品尝。"广告投放之后，这篇公众号文章的阅读量达到了1万次，可店里的生意并没有因此好转。

后来，店主请了一位资深文案写作者修改广告文案，文案为："寒冬凛然，亲朋围坐，听牛排在烤架上滋滋轻唱，一起随着舌尖遨游新西兰吧！"这则广告文案将牛排被烤后的声音形象地表达出来，让人看到文字就能想到画面，还利用寒冷的冬天与温暖的亲朋相聚进行对比，更让人想约上三五好友去吃牛排。后来，这家店的生意果然有所好转。

新媒体广告人员的基本专业素养，体现为新媒体广告文案的写作能力。学习新媒体广告文案写作，是一个从0到1、从无到有的过程，可以从以下7个方面入手。

10.3.1　吸睛标题，抓注意力

大卫·奥格威曾在其著作《一个广告人的自白》中写道："标题在大部分广告中，是重要的元素，它能够决定读者到底会不会看这则广告。一般来说，读标题的人比读内文的人多出4倍。"

由此可见，标题对广告的效果有重大影响。标题是对文案内容的高度概括，是对文案主题的精准表达，一个成功的广告标题能够迅速吸引人们的注意力。要写好新媒体广告文案的标题，可以利用以下3个技巧。

10.3.1.1　巧用好奇

让用户产生好奇心理，新媒体广告人员需要打破常规，破旧立新，运用颠覆人们认知的方式，打破用户的常规思维模式，利用新奇的立意来引发用户思考。

例如，运动社交软件Keep在2021年推出的"我怕"系列广告的标题《怕就对了》，给人们留下了深刻的印象。因为在人们的常规认知中，"怕"是怯懦、胆小的代名词，人们从小接受的教导就是"不要怕"。但这个标题直截了当地告诉人们——怕就对了。这一标题能够直接引发用户的好奇心，让用户思考"为什么怕还是对的呢？"，从而引发用户关注（图10-7）。

▲ 图10-7　Keep在2021年推出的"我怕"系列广告的标题《怕就对了》

10.3.1.2　用情绪

巧用情绪是指让用户看到广告文案后产生情感共鸣。情绪包括悲伤、痛苦、愉悦、彷徨、迷茫、无奈等，只要是大多数人能够感知到的情绪，都可以加以利用。

例如，2020年母亲节前夕，华为发布了一个标题为《凌晨四点的音乐会》的短视频，用文案"母爱是首歌，总在看不见的地方奏响"阐述了母爱的伟大，突出其产品HUAWEI WATCH GT2的监控睡眠质量功能，最后引出文案"HUAWEI WATCH GT2，让妈妈睡得好一点"，引发了用户关爱母亲的情绪（图10-8）。

▲ 图10-8　华为发布的《凌晨四点的音乐会》的短视频

10.3.1.3　巧用利益点

所谓利益点，是指产品能给人带来的直接或间接利益。带有利益点的广告标题能从用户的诉求出发，让用户通过标题明确知道广告中的产品是否符合自己的需求。这种广告标题的指向性和目的性十分明确。

例如，外卖平台饿了么推出一则标题为《28岁的他，从普通员工到上市公司高管，只做对一件事》的广告。这个标题传达出大多数人都想达成的愿望——年轻时成为上市公司高管。对年轻人来说，这一标题非常具有诱惑力，所以可以吸引年轻人点击观看这则广告。

10.3.2　热点导入，引导阅读

热点话题是指在一定时间、一定范围内，公众最为关心、能够引起广泛讨论的话题。热点话题拥有广泛的关注群体，利用热点话题撰写新媒体广告文案，能够吸引对该话题感兴趣的人群，扩大广告的传播范围。

利用热点话题撰写新媒体广告文案的关键是准确地寻找热点话题。热点话题分为两种类型，一种是常规性热点话题，另一种是突发性热点话题。

10.3.2.1 常规性热点话题

常规性热点话题是指在日常生活中比较常见的、大众比较关注的话题。常规性热点话题的获取方式较为简单，也是最应该被利用的资源。这类热点话题往往有迹可循，其来源见表10-5。判断一个话题是否为常规性热点话题，可以从常规性热点话题的4个特性入手，如图10-9所示。

表10-5　常规性热点话题

常见的常规性热点话题	典型案例
国家每年举行的会议、世界重大赛事活动等大型活动	奥运会、亚运会
法定节假日、纪念日等常规节假日	中秋节、国庆节
阶段性热点话题	高考、中专、暑假、寒假

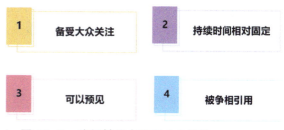

▲图10-9　常规性热点话题4个特性

由于常规性热点话题可以预见，所以新媒体广告人员在撰写文案时可以提前筹备，并推测出该话题的热度持续时间，将文案的时效性优势体现出来。

另外，常规性热点话题的延伸往往有迹可循，围绕一个热点话题可以衍生出许多与之相关的话题。新媒体广告人员在撰写文案时，要利用这些可循路径发散创作思维，尽可能地创作出令人感到新奇的文案。

例如，高考是一个经久不衰的热点话题，每年六七月，很多新媒体广告人员都会利用高考进行宣传。2021年，快餐品牌麦当劳联合短视频平台快手推出了题为《舌尖上的高考》的直播，为麦当劳的早餐产品"麦满分"宣传。在直播中，"深夜来临，高三学子还在挑灯夜读，那些口口声声自称为'后浪'的人，拥有一颗征服世界的雄心，吃麦当劳'麦满分'是第一步"。这一文案将高考与"麦满分"巧妙结合，引起了用户的共鸣。

10.3.2.2 突发性热点话题

突发性热点话题是指在日常生活中不常见、在短时间内能引起大众关注的话题。2022年下半年较为典型的突发性热点话题有"中国式现代化""自我PUA"等。

突发性热点话题具有4个特征，如图10-10所示。

突发性热点话题发生迅速，能在短时间内引发巨大讨论，引起社会的共鸣。利用突发性热点话题进行新媒体广告文案写作，能够吸引用户的注意力，获得更多关注。

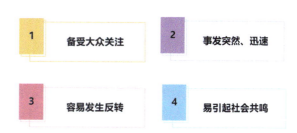

▲图10-10　突发性热点话题4个特征

突发性热点话题往往会持续发酵，人们对话题的讨论方向很容易发生转变，在短时间内呈现出诸多不同的观点。因此，新媒体广告人员在撰写文案时，要时刻关注事件发展动态，紧盯大众讨论的焦点，并对事件保持理性认知，不能以偏概全，文案内容更要具有前瞻性，这样才能避免遭受话题反转带来的不利影响。

将突发性热点话题与产品特点相结合，融合其他美好的感情因素，以极简的文字传达出企业价值观，可能得到令人意想不到的广告效果。

10.3.3 痛点代入，唤醒需求

1948年，伯特伦·福勒通过实验证明了一种心理学现象：人们常常认为一种笼统的、一般性的人格描述十分准确地揭示了自己的特点。就是当人们用一些普通、含糊不清、广泛的形容词来描述一个人的时候，人们往往很容易就接受这些描述，认为描述的就是自己。这种心理现象被称为巴纳姆效应。

新媒体广告人员在撰写文案时也要利用巴纳姆效应，让看到广告的用户将自己代入其中，下意识地认为自己需要广告中宣传的产品或服务。要想让用户对广告产生巴纳姆效应，新媒体广告人员需要采用痛点思维模式进行文案写作。采用痛点思维模式进行文案写作的具体步骤如下。

10.3.3.1 设置场景指出痛点

设置场景指出痛点，是新媒体广告人员利用痛点思维模式进行文案写作的第一步。指出痛点的目的是让用户产生意识上的觉醒，让他们深刻察觉到痛点对他们造成的困扰。

据此，新媒体广告人员要根据产品的特点，构建一个能够引起用户共鸣，且在用户生活中多次出现的场景，让用户情不自禁地将自己代入场景，达到直击用户痛点的目的，促使用户产生了解产品的冲动。这种场景因为在生活中出现的频次高，也被称为高频场景。

10.3.3.2 分析用户痛点

当新媒体广告人员构建好场景之后，就需要分析用户在这个场景中存在哪些痛点。此时，新媒体广告人员可以根据图10-11中的3个步骤对用户的痛点进行分析。

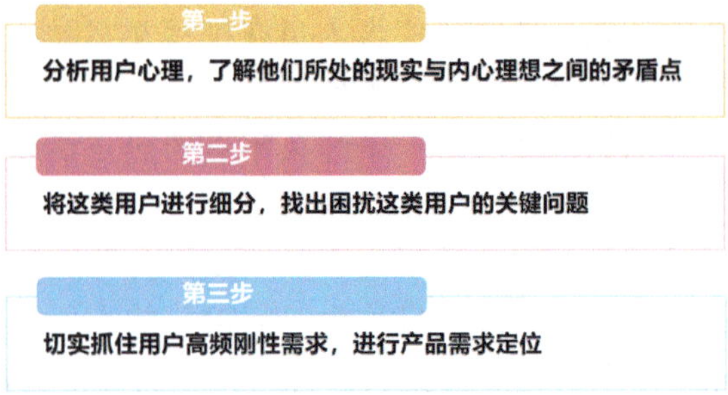

10.3.3.3 获得认可转化成本

当文案写作者将用户带入一个高频场景，又恰好戳中用户的痛点时，用户就会产生解决痛点问题的想法，也会对解决痛点问题的成本进行考量。用户的痛点越"痛"，对他的影响越大，他愿意付出的成本也就越多。

▶ 图10-11 分析用户痛点

新媒体广告人员在进行文案写作时，如果能够将痛点描述得非常"痛"，能将解决痛点问题的成本降到非常低，就能极大地引起用户的注意。

10.3.3.4 提供解决方案

只告诉用户解决痛点问题的成本还不够，用户最关注的还是解决痛点问题的方法。此时，新媒体广告人员需要对用户进行引导，让用户产生深入了解产品的欲望，让用户意识到，本产品能够针对痛点问题对症下药。

以利用痛点思维模式进行广告文案写作的广告，就要去找到在我们现在的社会中有哪些痛点是可以跟产品或者品牌联系起来的。如果能找到这个点，文案切入点会很与众不同，并且会很打动人心（如图10-12）。

▶ 图10-12 找到社会痛点链接品牌的切入点

可以按下面三步进行：第一步，要去洞察广告的受众；第二步，这是很关键的一步，就是分析社会痛点，找到能和品牌关联起来的点；第三步是深度思考，因为一个有思想的人才能写出有思想的文案，但这需要日常的积累。写作广告文案时，我们就要取产品和人生观的共通点，这句广告语一定要一语双关，既能符合产品又能符合人生观。

例如某芝麻糊产品的广告语"有些事需要慢慢磨"，我们分析一下创意者是怎么一步一步想出这个创意的（图10-13）。第一步先看产品，一般广告客户会先提供一些他们要着重突出的卖点。小小的一碗芝麻糊有72道工序，这样的产品生产中有一种匠心的精神。沿着这个点继续，芝麻糊的生产过程很繁复，说明生产者很用心，我们要抓住这些信息点。

▲ 图10-13　芝麻糊文案

图10-13根据前面第一步里提到的受众洞察是什么？首先得知道受众是谁。这款产品那么用心，说明它的成本较高，它的价格定位可能会比同品牌的、同类别的高一些。所以这款产品的目标受众群可能是办公室白领，他们愿意为了更高的品质去付出更多的代价。然后分析一下我们身处的环境中有哪些问题。比如这个时代好像真的是太快了，每个人都在追求效率，速度要快，但有的时候又很无奈，好像丢失了一些慢工出细活的精神或者信念。有矛盾就有社会痛点，比如快和慢这对矛盾。

接下来要进行深度思考。结合前面的受众洞察、社会痛点继续去想，会发现其实人们还是想要追求更高品质的生活，但是高品质的生活不是这种快销形成的，需要慢慢地磨出来的，而慢慢地磨事情和磨粉有一些关联性，这两者就找到了一个共通点，芝麻糊是磨出来的，人生也是磨出来的。于是把这两句话结合在一起，整合成一句一语双关的话，就可以想到"有些事需要慢慢磨"。有些事可以是哪些事情，就让消费者自己去思考。这就是在思考的框架里面去想出来这样一个文案的过程，如图10-14所示。

图10-14为了让大家巩固这种方法，下面用这个框架分析另一个产品案例，如图10-15所示。

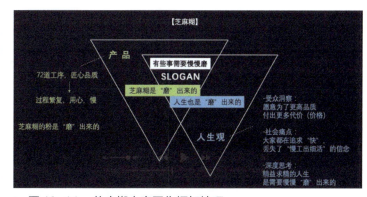

▲ 图10-14　芝麻糊文案写作框架技巧

首先看产品。案例中的产品是美瞳，这些彩色隐形眼镜有时会有化妆的功能，因为戴上它之后让眼睛看起来很亮，有颜色，很美丽，所以它很重要的功能也就是让佩戴者变美。区别于其他品牌的是，该款产品的图案花纹与众不同，这也是它的卖点之一。这些点可以先列出来。然后我们分析发现男生、女生都会戴这款产品，但可能更大比例是女生群体，她们都希望自己变得更美。

第二步是分析社会痛点。通过之前的分析我们发现社会对于美的标准过于单一，导致一些不符合标准的人会很没有自信，这也是值得我们去思考的。

第三步是深度思考。这款美瞳产品可以让眼睛有发光的感觉，它的图案又与其他品牌的有很大不同。希望大家看待美丽的眼光可以更加多元化，这是创意者想要去表达的东西。我们发现"眼光"这个词又是有双重意义的，所以最后文案里的那句话："对于美，我有自己的眼光"包括了这两个意义，同时也反映了产品的特点属性。

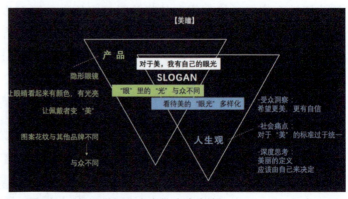
▲ 图10-15　提供解决方案的广告文案

10.3.4　品质保障，信任强化

用户在选购产品时，通常对产品的质量最为关注。新媒体广告人员在撰写文案时，突出产品的质量，更容易获得用户的好感和信任。要想利用广告文案突出产品质量，可以采用以下4个方法。

10.3.4.1　采用数据化呈现方式

广告展现时间通常较短，要想在短短几秒内将产品性能展示出来，可以使用数据化的呈现方式来说明产品的高质量，更加直观，也更具有震撼力和说服力。

例如，小米利用"2分钟定制""30天超长续航""16500转/分的高频震动"等多组实验数据，将其电动牙刷的性能精确地展示出来，使用户对小米的电动牙刷有了科学的认知，对其产品质量有了信心（图10-16）。

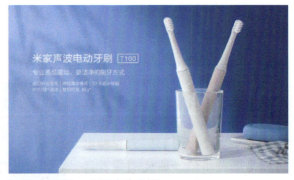
▲ 图10-16　小米广告文案

10.3.4.2　采用强调式表达方法

除了数据化呈现之外，强调式的表达也能突出产品质量。强调式表达，是指用重复的文字、强烈的语气或高亮度、高饱和度的图片、视频，对产品的某项特点进行强调，这种表达方式能让用户的印象更为深刻。

例如，劳斯莱斯汽车的广告语"在时速60英里[1]时，这辆新款劳斯莱斯汽车上的最大噪声来自它的电子钟"，就以对比强调的方式，突出了劳斯莱斯汽车噪声小的特点。

---

[1] 1英里=1.609344km。

10.3.4.3 展示产品的合法资质

许多用户认为"耳听为虚,眼见为实",这类用户对产品的合法资质有着过分执着的追求。此时,将产品质量合格证、专利证书等具有证明性质的文件以广告文案的形式呈现出来,能增强产品的说服力,更能打动这类用户。

例如电器品牌格力,其广告文案"格力,掌握核心科技",并非信口胡诌。格力在其官网上利用"共13项'国际领先级技术',累计申请专利22597项,其中申请发明专利8310项"等资质认证,证明自身确实掌握了核心科技,让用户信服(图10-17)。

▲ 图10-17 格力广告文案

10.3.5 产品介绍,突出卖点

卖点是指产品具备的与众不同的特质,这种特质虽然是与生俱来的,但新媒体广告人员需要发挥创造力将其表达得更加突出,以此吸引用户。如何让产品的"卖点"变成用户的"买点",需要从以下两个方面出发。

10.3.5.1 把握产品特点——认清卖点

产品所具有的能够吸引用户而易于销售的特性就是产品的卖点。产品的卖点是决定产品销量的关键因素。有些产品本身具有非常吸引人的卖点,但这些卖点并未被挖掘出来,以至于产品销量欠佳。

为了抓住产品最主要的卖点,吸引用户注意,新媒体广告人员可以根据图10-18中的3个步骤撰写文案。

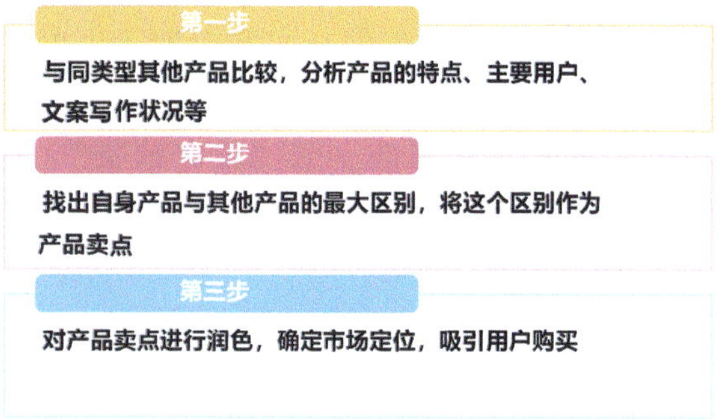

▲ 图10-18 撰写广告文案的3个步骤

10.3.5.2 定位产品用户——认清买点

对于用户来说,产品的卖点就是用户的需求点,是用户购买产品的理由。新媒体广告人员在进行文案写作时,还应从用户的需求出发,制造能让用户产生购买欲望的"买点"。

让用户认清买点,是为了让用户在购买广告产品后获得满足感。换言之,就是满足用户的某些需求,让用户拥有获得感。

新媒体广告人员可以从用户对产品的售后评价、购买偏好等方面了解用户的喜好,针对用户需求,优化产品的卖点,使产品卖点和用户买点实现最大限度的匹配。

10.3.6 价格展示,惊喜福利

影响用户购买产品的一大重要因素是产品的价格。性价比高或价格低廉的产品,会吸引一些执着于产品价格的用户。因此,在新媒体广告文案中,突出显示价格或展示福利,也是一种引起用户注意的方法。在文案中显示产品价格或展示福利的方法有以下两种。

10.3.6.1 价格对比

价格对比能直观地将产品的价格呈现出来,突出产品的价格优势。价格对比通常以图表的形式呈现,以更加清晰、突出地展示价格。

(1)与同类产品价格进行对比。与同类产品价格进行对比,是指将其他企业的同类产品价格信息与本企业产品价格信息进行对比,突出本企业产品的价格优势。表10-6为A品牌螺蛳粉与其他品牌螺蛳粉的价格对比。

(2)与原价进行对比。与原价进行对比,是常用的价格对比方式,能让用户知晓购买产品的最佳时机,让用户产生"此时不买更待何时"的心理,促使用户购买产品。与原价进行对比通常以价格走势图的形式呈现,以醒目的颜色引起用户的注意(图10-19)。

表10-6 A品牌螺蛳粉与其他品牌螺蛳粉的价格对比

品牌名称	净含量	价格
A品牌	335g	25元
B品牌	335g	29元
C品牌	350g	35元

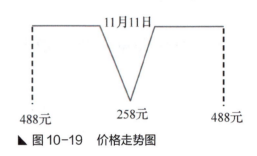

▲图10-19 价格走势图

10.3.6.2 优惠展示

除了直接显示价格,文案中展示力度较大的福利活动也能提高产品的转化率。例如,电商行业常用的文案"限时秒杀""收藏店铺免费得礼品""买一送一""积分兑换"等。

广告中时常呈现一些带有福利活动的文案,能够让用户感到获得了优惠,产生一种"这家店铺活动很多,很为用户着想"的印象,能够促进用户购买产品(图10-20)。

▲图10-20 优惠展示的广告示例

10.3.7 评论留言,强化抢手

互联网时代,每个人都可以表达自己的观点,而不是纯粹的信息接收者。因此,用户对产品的评论也很容易被其他用户看到,免费的用户好评有时比昂贵的付费广告效果更好。例如,在淘宝网上,许多产品同质化(同质化是同一大类中不同品牌的商品在性能、外观甚至营销手段上相互模仿,以至于逐渐趋同的现象)严重,用户挑选产品时,往往无法依据产品的卖点判断,只能看买过这些产品的其他用户的评价,此时,这些评价就成了影响用户购买产品的关键因素。

新媒体广告人员需要对这些评论或留言加以利用,使之成为另一种独特的广告文案。新媒体广告人员需要有选择性地利用评论或留言,要遵守以下3个原则。

10.3.7.1 评论选择具有针对性

新媒体广告人员要有针对性地选择与自身产品相关的评论,这些评论更贴合产品特点,更容易令用户信服。与产品相关的评论能够增强产品的可信度和真实性。用户更容易相信其他用户的真实体验,而不只是由品牌自己所发布的信息。用户会看到其他人如何体验和受益于产品,从而更容易理解产品的价值所在。另外,有针对性地选择评论可以更好地满足受众的兴趣和需求。针对不同类型的用户,选取不同的评论,能够更精准地触达目标受众,此举肯定能提高广告效果,能够帮助广告更好地传递产品价值和信息。最后,选择与产品相关的评论可以减少误导用户和产生负面效应的可能性。不相关的评论可能让用户感到困惑或怀疑广告的真实性。

10.3.7.2 把握评论的时效性

新媒体广告人员要把握评论的时效性。用户的评论之所以受到关注,是因为用户的评论表达了某种观点,或是与某件热点事件有联系。若新媒体广告人员不及时利用这些评论,评论会随着事件热度的下降而被信息洪流淹没。

10.3.7.3 评论具有吸引力

新媒体广告人员选取的评论要对其他用户产生吸引力。这种吸引力可以是语言的吸引力,语言可以幽默诙谐,可以具有文采或哲理;也可以是利益的吸引力,能够一针见血地指出用户心理或物质需求的评论最佳。

思考与练习

1. 请详细描述新媒体文案写作的7大方法。
2. 为螺蛳粉写一则新媒体广告文案,并配合进行海报设计。

10.4 数字时代新媒体广告人员的社会责任

  2020年2月,敦煌研究院联合人民日报新媒体、腾讯公司共同打造的微信小程序——"云游敦煌"体验版正式上线。这是首个集探索、游览、保护敦煌石窟艺术功能于一体的微信小程序。通过"云游敦煌"小程序,用户足不出户便可畅享敦煌艺术之美,还能定制专属、个性呈现内容,并可以在小程序上预约购票、体验传统文化课程,在体验互动中获得知识,随时随地线上游览敦煌石窟。

  "云游敦煌"小程序本质是一则敦煌研究院向世人展示敦煌风采的新媒体广告,但因其蕴含着深厚的文化底蕴,还起到了传播经典文化的重要作用。

  在数字时代,新媒体广告除了传达商业信息外,也传达着诸多文化信息。

10.4.1 新媒体广告人员应承担的社会责任

  被誉为"现代营销学之父"的美国经济学教授菲利普·科特勒曾把人们的消费行为大

致分为三个阶段：第一个阶段是量的消费阶段；第二个阶段是质的消费阶段；第三个阶段是感性消费阶段。

当人们的温饱问题得到解决后，就会开始追求感性消费。此时，人们的消费需求不再只体现为经济需求，而是逐渐演变成一种不完全物质性的，更多的是文化的、精神的、审美的消费，其中文化消费在现代消费活动中所占的比例越来越大。

广告是一种文化符号，用户在观看广告时，不仅在解读广告中的商品和服务信息，而且在解读它所传达的生活方式、文化知识、价值观念。尤其是当新媒体平台能够以更加丰富多样的形式承载信息时，新媒体广告已经被赋予了传播文化的职责。

因此，新媒体广告人员在进行广告创作时，需要重视广告传播所带来的社会影响，正视自己所肩负的社会责任，实现经济效益和社会效益的双赢。

新媒体广告人员应当承担的社会责任与其职业素养、道德素养紧密联系，主要包括以下两个方面。

10.4.1.1 新媒体广告人员要具备优秀的职业素养

新媒体广告人员在承担社会责任上需要具备优秀的职业素养。

（1）新媒体广告人员应该保持公正、客观的态度，必须真实、准确、诚实地传播广告主的产品、服务和形象。

（2）新媒体广告人员要时刻保持自己的职业警觉性，时刻关注社会动向，把握社会价值需求，将新媒体广告与正面社会文化相结合。

10.4.1.2 新媒体广告人员要具备高尚的道德素养

新媒体广告人员需要承担的社会责任如图10-21所示。

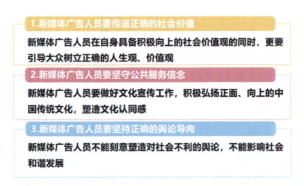

▶ 图10-21　新媒体广告人员需要承担的社会责任

10.4.2　优化新媒体广告传播与承担社会责任的有效举措

当广告从一个普通的营销传播工具，逐渐演变成带有浓郁文化色彩的符号时，新媒体广告人员也从一个普通的商业活动策划者转变成担负起一定社会责任的广告人。为了优化新媒体广告的传播、承担应负的社会责任，新媒体广告人员需要采取以下4个举措。

10.4.2.1 加强自身建设

持续学习、持续进步是每个人不被社会、行业淘汰的重要方法。新媒体广告人员要不断加强自身建设，学习更为先进、更符合大众审美的新媒体广告表现形式，才能让新媒体广告的传播更加合理，才能更好地承担社会责任。

10.4.2.2 促进相关法律、法规的健全

法律具有强制性，应以立法的形式明确界定新媒体广告人员不可触碰的法律底线。对于新媒体广告人员来说，相关的法律、法规不仅是规范自身行为的紧箍咒，更是维护自身合法权益的有力武器。

新媒体广告人员在工作实践中，除了要严格遵守法律规定，还应当及时向相关部门反映法律监管中存在的漏洞，促进相关法律、法规的健全。

10.4.2.3 引导行业自律

在新媒体环境下，广告行业自律的主体已经不再是单一的从业人员，而是整个新媒体广告行业。新媒体广告人员在工作过程中，应当站在自律金字塔的塔尖，积极主动地承担社会责任，并引导行业内其他人员共同形成行业自律。

10.4.2.4 接受舆论监督

当行业自律无法发挥效用时，社会舆论作为外部监督力量，对于新媒体广告行业社会责任感的塑造具有重大意义。社会舆论监督是社会自发形成的一种力量，它以压力的形式对新媒体广告行业和新媒体广告人员进行督促，以社会舆论的力量塑造新媒体广告行业的社会责任感。新媒体广告人员应该以积极的态度接受社会舆论监督，对社会舆论的焦点问题进行深入分析、认真整改，这样才能化解舆论带来的负面影响，重新获得用户信任。

思考与练习

1. 新媒体广告从业者的社会责任有哪些？
2. 新媒体广告人员从一个普通的商业活动策划者转变成担负起一定社会责任的广告人需要具备哪些素质？

10.5 新媒体广告文案写作项目实训：MG3汽车

10.5 项目实训

参考文献

[1] 杨海军. 新媒体广告教程. 上海：复旦大学出版社，2021.

[2] 杨海军. 中国古代商业广告史. 郑州：河南大学出版社，2005.

[3] 杨海军，袁建. 品牌学案例教程. 上海：复旦大学出版社，2009.

[4] 舒咏平. 新媒体广告传播. 上海：上海交通大学出版社，2015.

[5] 苏士梅，崔书颖. 广告伦理学. 郑州：河南大学出版社，2010.

[6] 陈正辉. 广告伦理学. 上海：复旦大学出版社，2008.

[7] 潘向光. 现代广告学. 杭州：杭州大学出版社，1996.

[8] 张金海，余晓莉. 现代广告学教程. 北京：高等教育出版社，2010.

[9] 董鳖靓，杜翼. 新媒体广告. 成都：电子科技大学出版社，2019.

[10] 向颖晰. 新媒体广告创意设计. 长春：吉林出版集团股份有限公司，2022.

[11] 乔晓娜，莫黎. 网络与新媒体广告. 北京：人民邮电出版社，2021.

[12] 柳冰蕊，夏镇杰，韩江月. 新媒体广告设计. 北京：人民邮电出版社，2021.

[13] 张志，陆亚明，孙建. 新媒体广告（慕课版）. 北京：人民邮电出版社，2021.

[14] 蔡余杰. 一本书读懂元宇宙. 北京：中国纺织出版社，2023.

[15] 徐淼. 一本书读懂元宇宙. 北京：中华工商联合出版社，2022.